Günter Amendt
Back to the Sixties – Bob Dylan zum Sechzigsten

## Pressestimmen zu »Back to the Sixties«

»Günter Amendt, seit Jahren international anerkannter ›Dylanologe‹ und Kulturpublizist aus Hamburg ... schreibt mit ›Back to the Sixties‹ einfach eine fulminante Liebeserklärung.«  *Profil, Wien*

»Ein Muss für alle Fans und Dylan-Interessierten, trotz oder gerade wegen der ironisch-distanzierten Weise, auf die hier Rockkritik geschrieben wird. Sixties und Drogenexperte Günter Amendt ist darüber hinaus aber auch ein begnadeter Dylanologe und der Konkret Literatur Verlag wieder einmal für eine Überraschung gut!«
*Hamburg Pur*

»Der Grand Old Man unter den deutschen Dylan-Kennern fasst zusammen – zugleich liebevoll, kritisch und so gut informiert wie ein Fußball-Fan über seinen Lieblingsclub.« *Basler Zeitung*

»›Back to the Sixties‹ ist ein willkommenes Update seiner profunden Sammlung von Artikeln und Plattenkritiken.« *Arte*

»Aus der Bücherflut zum Geburtstag des Folk-Poeten sticht Günter Amendts ›Back to the Sixties‹ hervor. Mit der bunten Sammlung aus Reportagen und Essays schreibt der 68er-Vormann ganz nebenbei auch die Geschichte seiner Generation.« *Spiegel-Online*

»Wie ein Feinchirurg zerlegt und analysiert Günter Amendt ... die Ups and Downs in Dylans dschungelhafter Plattenkarriere. Kenntnisreicher ist dies kaum noch möglich ... Dylan-Führung der Extraklasse!«
*Amazon.de*

»Er bleibt dabei hübsch knapp und spitz, also weiter nicht unumstritten. Großes Gelaber ist ihm fremd, er fuchtelt lieber so mit Marksätzen, dass wir genüsslich die Zeilen verschlingen.«
*Dresdner Neueste Nachrichten*

»Zu Dylans Sechzigstem hat Günter Amendt ein sehr persönliches Buch herausgegeben. Eine Pilgerfibel ist es dennoch nicht.«
*Neue Luzerner Zeitung*

»Günter Amendt. Der führende deutsche Dylandeuter.«
*Tagesspiegel*

Günter Amendt

# Back to the Sixties –
# Bob Dylan zum Sechzigsten

*KONKRET LITERATUR VERLAG*

Fotos: S. 26 Thomas Erle/Ulrich W. Schneckenberger,
S. 30 u. S. 51 Thomas Räse, S. 55 Alfred von Meysenbug

2. Auflage Juni 2001
© 2001 Konkret Literatur Verlag, Hamburg
Umschlaggestaltung: Felix Reidenbach
unter Verwendung eines Fotos von Wolfgang Friedrich
Satz: H & G Herstellung, Hamburg
Druck: Wiener Verlag, Himberg
ISBN 3-89458-199-9

# Inhalt

Vorwort 7
May Your Song Always Be Sung

Back to the Sixties – Bob Dylan zum Sechzigsten 11

Political World 40

¡Señor! Hören Sie 53
Street Legal, 1978

Kawasaki! 56
Dylan at Budokan, 1979

Lord Extra 59
Slow Train Coming, 1979

There Is No Hope with that Pope 64
Raved, 1980

Grüße aus Bad Segeberg 69
Bobby will be back: in the rain

Bob's Hope Show 72
Shot of Love, 1981

Nur eine Frage der Zeit 78
Infidels, 1983

Woodstock, Dylan und der Bieberer Berg 85

Ein Mann unter Einfluss 93
Dylan Goes Modern – Empire Burlesque, 1985

Gültig oder endgültig? 99
Biograph, 1985

Appetithappen 107
Knocked out Loaded, 1986

Oh, Merci, Bob Dylan 111
Oh Mercy, 1989

… the Answer is Blowing in the Desert Storm 117

There Is No Place to Stay 131

Strange Things Are Happening 1 141

Strange Things Are Happening 2 144

Tangled up in Black 148
Time out of Mind, 1997

Friends and Other Strangers 154

Diskographie 159

# Vorwort
## May Your Song Always Be Sung

Die Medien weltweit werden Dylans 60. Geburtstag zum Anlass nehmen, ihn als singer und songwriter zu feiern und als einen der bedeutendsten Künstler unserer Zeit zu würdigen. Für Dylan sicherlich kein Grund, seine Never Ending Tour zu unterbrechen. Er wird den Tag mit seiner Band – wenn nichts dazwischenkommt – irgendwo auf einer Bühne dieser Welt verbringen. Wo genau, war bei Redaktionsschluss noch offen.

Es versteht sich von selbst, dass die Mitglieder des internationalen Syndikats der Dylan-Deuter den Anlass nützen fortzuschreiben, was sie vor Jahren und Jahrzehnten bereits begonnen haben. Michael Gray, der sich auf dem Backcover seines Buches »Song & Dance Man. The Art of Bob Dylan« als »Weltautorität« in Sachen Dylan-Deutung feiern lässt, hat rechtzeitig zu Dylans Sechzigstem eine aktualisierte Neuauflage seines voluminösen Werkes herausgebracht. Der englische Dylan-Biograf Clinton Heylin, der es mit den Fakten nicht immer so genau nimmt, hat »Take Two« seines Buches »Behind the Shades« veröffentlicht. Und der Heidelberger Palmyra Verlag, bei dem schon die ersten beiden Bände von Paul Williams Werk über Dylan als »performing artist« auf Deutsch erschienen sind, bringt aus gegebenem Anlass »Bob Dylan. In eigenen Worten« von Christian Williams (mit Paul weder verwandt noch verschwägert) heraus. Bei Alfred Knopf, Dylans amerikanischem Verleger, ist eine Neuauflage der »Lyrics« geplant. Doch das ist nur ein Gerücht. Eine Aktualisierung von Dylans Texten wäre allerdings fällig, denn was von seinen »Writings and Drawings« erschienen ist, schließt 1985 ab. (Ein neues Album zum Sechzigsten wird es mit Sicherheit nicht geben, es sei denn, man akzeptierte die soeben in Japan veröffentlichte Platte BOB DYLAN

LIVE 1961–2000 als »neues« Album. Diese nach Firmenangabe »rare or previously unreleased tracks« wurden allerdings nach Kriterien zusammengestellt, deren künstlerische Logik sich erst nach mehrfachem Hören erschließt. Ich würde die Dokumentation eines bestimmten Konzerts – etwa der Never Ending Tour – vorziehen, und es fiele mir nicht schwer, eine Serie von Konzerten zur Auswahl vorzuschlagen. Aber bei der Veröffentlichung von Livemitschnitten hat Dylans Firma oft merkwürdige und schwer nachvollziehbare Entscheidungen getroffen. Damit muss man sich abfinden und mit dem begnügen, was veröffentlicht wird und für Käufer bestimmt ist, die sich weder als Spezialisten verstehen noch an die internationale Szene der Bootleg-Sammler angeschlossen sind. Sie bekommen drei traditionals, einen Woody-Guthrie-Song und zwölf Lieder in Dylans own writing zu hören. Zwei der sechzehn Songs wurden auf offiziellen Livealben – HARD RAIN und BEFORE THE FLOOD – bereits herausgebracht. Von wegen rare or previously unreleased tracks. Doch das macht Sinn, wenn man davon ausgeht, dass diejenigen, die das Album zusammengestellt und die Auswahl getroffen haben, Dylans live performance in ihrer ganzen Vielfalt dokumentieren wollten. KNOCKING ON HEAVEN'S DOOR, in der Version von 1974 habe ich seit Jahren nicht mehr gehört. Der drive, mit dem Dylan und »The Band« diesen Song bringen, ist überwältigend. Und »rare« ist diese Version insofern, als Dylan in Abweichung vom offiziellen Textbuch auf BEFORE THE FLOOD eine dritte Strophe hinzugefügt hat: *I'm sick and tired of the war ...* Die IT AIN'T ME-Version von RENALDO AND CLARA ist ein Highlight des neuen Albums. Bedauerlich ist, dass es der ZDF/arte Redaktion nicht gelungen ist, die Rechte an diesem Film für ihre Lange Dylan Nacht im Mai 2001 zu erwerben. Versucht hat sie es.)

Die Londoner Musikzeitschrift »Q« hat mit einem Dylan gewidmeten Heft den Reigen der Sonderausgaben von Periodika eröffnet, die in Zürich erscheinende Zeitschrift »DU«

wird ihn in ihrer Maiausgabe fortsetzen. ZDF/arte strahlt einen Film von Gerold Hofmann »Knocking on Dylans Door. Begegnungen mit Bob Dylan« aus, und Willi Winkler wird im Frühjahr 2001 seine Dylan-Biografie »Bob Dylan. Ein Leben« veröffentlichen. Diese Zusammenstellung hat keinen Anspruch auf Vollständigkeit.

»Back to the Sixties – Bob Dylan zum Sechzigsten« ist ein Update meiner vor zehn Jahren im Konkret Literatur Verlag unter dem Titel »The Never Ending Tour« erschienenen Sammlung von Artikeln und der gemeinsam mit Uwe Heidorn verfassten Plattenkritiken. »Back to the Sixties – Bob Dylan zum Sechzigsten« ist auch der Titel einer dreistündigen Radiosendung, die das DeutschlandRadio und der Deutschlandfunk in einer »Langen Nacht« ausstrahlen werden. Dabei wird auch die deutschsprachige Uraufführung eines Hörspiels von Sam Shepard »True Dylan. Stück in einem Akt, wie es sich an einem Nachmittag in Kalifornien wirklich ereignet hat« mit Michael Altmann als Bob und Dietmar Mues als Sam zu hören sein.

Auf seiner ersten Tour in die Bundesrepublik Deutschland 1978 – in die DDR kam er erst neun Jahre später – war ich Zeuge eines Zwischenfalls in der Berliner Deutschlandhalle, den ich als déjà-vu-hafte Wiederholung jener Tumulte erlebte, denen Dylan und »The Band« Mitte der 60er Jahre in den USA und in England ausgesetzt waren. In Berlin wurden Gegenstände auf die Bühne geworfen. Ich war, weil Fritz Rau, Dylans deutscher Veranstalter, mich eingeladen hatte, die Tour von Dortmund bis Paris zu begleiten, Dylans Gesprächspartner beim Versuch, die Motive der Protestierer zu ergründen. Auf das, was ihn und seine Band auf dem Reichsparteitagsgelände in Nürnberg erwarten würde, – im Tourplan war als Spielstätte »Zeppelinfield« eingetragen –, habe ich ihn und seine Begleiter auf der Reise nach Nürnberg in einem Sonderzug der Deutschen Bundesbahn vorbereitet.

Über diese Reise berichte ich im ersten Abschnitt des Buches.

In den zehn Jahren zwischen seinem fünfzigsten und sechzigsten Geburtstag habe ich, wie schon in den Jahren davor, Dylans Entwicklung verfolgt, viele seiner Konzerte all over Europe gesehen und unzählige als Mitschnitte gehört. Wer die in diesem Band gesammelten Kritiken und Aufsätze liest, wird schnell feststellen, dass ich manches, was Dylan veröffentlicht hat, misslungen finde, und dass ich ihm auf seinem Trip in den religiösen Fundamentalismus, von dem er – Gott sei Dank – längst zurückgekehrt ist, nicht folgen konnte und nicht folgen wollte. Wirklich überrascht von diesem »Fehltritt« war ich aber nur für einen kurzen Augenblick. Denn schon bald begann ich zu verstehen, dass Dylan auch in dieser Phase seines Lebens, die künstlerische Kraft nicht verloren hatte. Auch wenn es ihm nie wirklich gelungen ist, den Gospelton so zu treffen, wie er den Blueston trifft, hat er auch in der Zeit seiner Jesusobsession einige großartige everlasting Songs geschrieben.

Ich gehöre zu denen, die es als einen Glücksfall ihres Lebens betrachten, Zeitgenosse Dylans zu sein. Dylan war und ist in seiner ganzen Widersprüchlichkeit eine Quelle der Inspiration. Seine Stimme dringt in emotionale Bereiche vor wie keine andere männliche Stimme, seine Songs spiegeln den Prozess des eigenen Alterns, dessen Schmerz und Melancholie, seine Wahrnehmung der Realität deckt sich in vielen Bereichen mit der meinen. Auch teile ich das Gefühl der Bedrohung, das in vielen seiner Lieder durchklingt, wenn es um den Zustand des Planeten geht und den der Menschen, die ihn bevölkern.

Zum Geburtstag kann man Dylan nur wünschen: *May your song always be sung. And may you stay.*

Hamburg, März 2001

# Back to the Sixties –
# Bob Dylan zum Sechzigsten

Eine »Lange Nacht« mit Günter Amendt
18. Mai 2001 DeutschlandRadio Berlin und
19. Mai 2001 Deutschlandfunk

I.

Musik: MONTAGE

*Amendt:*

»Back to the Sixties – Bob Dylan zum Sechzigsten«, die Lange Nacht feiert Dylans Geburtstag. Ist das nicht etwas voreilig? Wurde Dylan nicht erst am 24. Mai geboren? Wer abergläubisch ist, den mag beruhigen, dass der Tag umstritten ist, an dem Robert Allen Zimmerman als erstgeborener Sohn von Abram und Beatrice Zimmerman in Duluth, Minnesota, zur Welt kam. Zwar kursiert das Faksimile einer vom *Minnesota State Department of Health* ausgestellten Geburtsurkunde mit dem Datum 24. Mai 1941, doch Dylans Reisepass, abgebildet in einem dem Album BIOGRAPH beigelegten booklet, weist den 11. Mai als Geburtsdatum aus. Ein Druckfehler, ein Verwaltungsirrtum oder ein dylaneskes Verwirrspiel? Who knows?

Wäre Dylan allerdings am 11. und nicht am 24. Mai zur Welt gekommen, dann wäre er im Sternzeichen Stier geboren. Er wäre, so sieht er es selbst, ein anderer: »Dass ich Zwilling bin, bedeutet eine Menge. Es zwingt mich zu Extremen. Ich bin niemals genau in der Mitte ausbalanciert. Ich gehe von einer Seite zur anderen, ohne irgendwo lange zu bleiben. Ich bin glücklich, traurig, up, down, in, out, hoch oben im Himmel und tief unten auf der Erde.«

Die Lange Nacht wird sich in den kommenden drei Stunden mit diesem »Weltmeister der Ambivalenz« befassen. Sie wird an Dylans ersten Auftritt in der Bundesrepublik Deutschland erinnern, als er 1978 mit seiner Band in einem Sonderzug der Deutschen Bundesbahn von Rotterdam kommend über Dortmund, Westberlin und Nürnberg nach Paris reiste: A slow train coming. Im Mittelpunkt der zweiten Stunde steht die deutschsprachige Uraufführung eines Hörspiels von Sam Shepard. »True Dylan – Stück in einem Akt, wie es sich an einem Nachmittag in Kalifornien wirklich ereignet hat«. Auch das Thema »Bob Dylan und die Frauen« wird angemessen erörtert werden mit Texten von Dylan und über Dylan, sowie Musik von Dylan mit Dylan.

*DAS WETTER*
*The morning light breaks open*
*The sunny sky is aqua blue*
*The red rose in the summer blooms in the day*
*Time passes slowly and fades away*
*The sunlight dims*
*The moonlight swims*
*The stars are in sight*
*The moon is shinin' bright*
*When the night comes falling from the sky*

*Musik:* EVERYTHING IS BROKEN
*Amendt:*
Everything is broken: In Dylans Laufbahn als songwriter und performing artist gab es immer wieder Brüche, die sein Publikum irritierten und bis zur Randale polarisierten. Um einige dieser Bruchstellen wird diese Lange Nacht kreisen.

Auch in Berlin kam es, als Dylan im Juni 1978 in der Deutschlandhalle auftrat, zu einem Zwischenfall, der jedoch von heute her gesehen nur als müder Abklatsch jener Szenen in Erinnerung bleibt, die sich Mitte der 60er Jahre in den

USA und in England abgespielt hatten. Dabei ging es immer nur um eines: Dylans verzweifelte Anstrengung, sich von den Erwartungen seines Publikums nicht in die Enge treiben zu lassen und alles abzuwehren, was ihn in seiner künstlerischen Entfaltung behindern könnte.

Bereits 1965 beim Folkfestival in Newport hatte er gegen das »Reinheitsgebot der Folk-Puristen« verstoßen, als er den *ghost of electricity* losließ, die elektrische Gitarre in die Hand nahm und mit einer laut hämmernden Rockband auftrat. Ein »Skandal«, der ihm bis nach Europa folgte. Am 17. Mai 1966 entlud sich in Manchester die Spannung zwischen Dylan und einem Teil seines Publikums in einem Dialog von pophistorischer Bedeutung. Lange war die Raubkopie dieses Konzerts ein begehrtes Objekt von Sammlern. Jetzt hat Columbia Records den legendäre Auftritt in der Free Trade Hall von Manchester als CD herausgebracht. Zu hören ist Dylan auf der Bühne. Zwischen den einzelnen Songs deutlich die Unruhe des gespaltenen Publikums. Beifall, Zwischenrufe und verlangsamtes Klatschen gegen den Beat. Dylan stimmt die Gitarre – endlos wie immer. Als ihm der Lärm zu viel wird, fordert er das Publikum auf, das Geklatsche zu unterlassen.

Dann, kurz vor Schluss des Konzerts, als Dylan sich bereits in LIKE A ROLLING STONE groovt, dringt aus dem Publikumsgeraune klar und deutlich die Stimme eines Rufers: »Judas«. Dylan – verblüfft oder auch nicht – fährt fort, die Saiten seiner Gitarre zu picken, um dann – perfekt getimed – zu antworten: »I don't believe you. Your are a liar.«

Das war in Manchester. Von da ging es weiter nach London, wo Dylan in der Royal Albert Hall seine aufreibende Welttournee '66 abschloss.

Jean-Martin Büttner, der im »Tages Anzeiger« Zürich veröffentlicht, was er zu Dylan zu sagen hat, beschäftigt sich für die Lange Nacht mit dem, was jenseits des Skandals das eigentliche Ereignis in England war – die europäische Uraufführung von VISIONS OF JOHANA in einer, wie ein Kritiker schrieb, »überirdischen Qualität«.

Jean-Martin Büttner:
*»Es ist der 26. Mai 1966 und sein vorletztes Konzert. Bob Dylan steht allein auf der Bühne der Royal Albert Hall in London. Die Tour hat lange gedauert, 76 Konzerte in zehn Monaten und auf drei Kontinenten. Dazwischen schnitt er einen Film, schrieb an seinem ersten Buch und nahm ein Doppelalbum mit neuen Liedern auf, BLONDE ON BLONDE.*

*Alle Konzerte der Tour sind ausverkauft, fast jedes läuft nach demselben Muster ab. Wenn er alleine auf die Bühne kommt und zur Gitarre seine Lieder singt, sitzt das Publikum andächtig da. Und wenn er nach der Pause mit seiner Band zurückkommt, pfeifen ihn die Leute aus.*

*Überall, auch in Amerika und in liberalen Städten wie Berkeley oder New York, wollen sie seine neue, elektrische Musik nicht hören, die er zu maximaler Lautstärke entfesselt. Die Gemeinde will ihren Rebellen als Pfadfinder mit Wandergitarre konservieren, als singenden Redenschreiber für die Revolution. Einen Rock 'n' Roll- Star aber, der seine Zeilen zum Feedback seiner Mitmusiker ins Mikrofon schreit, das ist nicht, was sie von ihm erwarten.*

*Seine Liebe zum Rock 'n' Roll erscheint ihnen als Verrat, ihm bedeutet sie das genaue Gegenteil. Sein größter Wunsch, schrieb er einmal zu Beginn seiner Karriere, sei ein Posten in der Begleitband von Little Richard. Als ihn Journalisten fragen, ob er ein Dichter sei, nennt er sich einen »song and dance man«, das klang wegwerfend, damals, aber es war ihm ernst: Protest durch Bewegung.*

*Am Ende der langen Tournee die beiden Auftritte in der Londoner Royal Albert Hall. Dylan zuerst wie immer eine Dreiviertelstunde alleine, mit Gitarre, Harmonika und feurigem Haarbusch, ein schmaler junger Mann im Scheinwerferlicht, charmant, unnahbar.* Nobody feels any pain, *singt er im totenstillen, vollbesetzten Saal. Er ist am Anschlag, nur das Amphetamin hält ihn noch wach. Schläfrige Stimme, hellwache Phrasierungen.*

*Dann spielt er* VISIONS OF JOHANA, *ein weiteres Stück aus dem neuen Album, das in England noch keiner kennt. Die Gitarre schlägt ihre Zeitlupen-Akkorde, die Mundharmonika atmet schwer, ansonsten hört man nur die Stimme im dunklen Saal, ahnt das atemlose Publikum. Die Stimme füllt den Raum, aber wenn Dylan nicht singt, nimmt man hinter den Pickings der Gitarre die Stille wahr, das schweigende Publikum. Dylan deutet diese Stille in der ersten Zeile und singt von den Enttäuschungen in der Nacht:* Ain't this just like the night to play tricks when you are trying to be so quiet?

*In der zweiten Zeile schon besingt er dann das Ende dessen, das noch gar nicht angefangen hat, sieht voraus, was mit dem Ende der sechziger Jahre zusammenfallen wird, die große Ratlosigkeit:* We sit here stranded, though we do our best to deny it.

VISIONS OF JOHANA *schildert die Erscheinungen eines Erzählers, der zugleich von der Unmöglichkeit berichtet, seine Visionen in Worte zu fassen:* How can I explain? It's so hard to get on. *Die Vokabeln klingen gedehnt, die Konsonanten scharf, man hört beides, die Visionen und die Schwierigkeit, sie zu artikulieren.* VISIONS OF JOHANA *ist ein Stück über den Rand der Sprache und das Flackern der Gedanken in der Nacht, über das Unwirkliche und das Hyperreale, über die Flutung des Bewusstseins mit Bildern, Tönen und Gefühlen. Die Gesellschaft bricht auseinander, das Ich löst sich auf, Dylan deutet das erste im zweiten.*

The ghost of electricity howls in the bones of her face, *heißt es an einer Stelle. Das Gespenst der Elektrizität, das im Gesicht der Geliebten flackert, ist zugleich eine Warnung vor dem, was an diesem Abend folgen, was er auf derselben Bühne noch entfesseln wird. Der Folksänger wird schreien, das Bürgerrechtslied von früher wird in sexuell geladenen, kriegerisch lauten Rock 'n'*

*Roll überführt.* »It used to be like this«, *sagt Dylan einmal,* »and now it goes like that.«

*Auf* Visions of Johana *künden sich die Ereignisse an, fast lautlos. Dylan besingt mit entrückter Stimme die Visionen, die ihn überwältigen. Die Phrasierung ist präzis, doch die Vokabeln klingen gedehnt. Man nimmt beides wahr, die Visionen und den Widerwillen, sie zu artikulieren. Der amerikanische Kritiker Cameron Crowe spricht von der »überirdischen Qualität« dieser Aufführung, sein Kollege Paul Williams findet, Dylan sänge »wie aus tiefem Schlaf erwacht«. Es kommt einem vor, als müssten sich die Worte gegen ihren Sound, das Gesagte gegen das Gemeinte durchsetzen. Wie wenn, kurz vor dem Einschlafen, das Bewusstsein durch Erinnerungen sich rekonstruiert oder beim Aufschrecken der Traum erst vergessen geht und plötzlich wieder erinnert wird.* Visions of Johana *mit seinen halbwachen Bildern, dem flackernden Licht, ist ein Song über das Helle im Dunkeln, Hohlräume werden beschrieben und mit Bildern und Tönen vermessen: Der Ofen hustet, das Radio dudelt, das Licht flackert:* Lights flicker from the opposite loft / In this room the heat pipes just cough / The country music staion plays soft / But there's nothing, really nothing to turn off.

*Es ist ein Stück über die Flutung des Bewusstseins:* The visions of Johana conquer my mind *endet die erste Strophe,* they have now taken my place *die zweite,* They kept me up past the dawn *die dritte. Zuletzt sind die Visionen bloß noch Erinnerung und die Erinnerung das Einzige, was bleibt. Die letzten Zeilen:* The harmonicas play the skeleton keys and the rain / And these visions of Johana are now all that remain.

It's so hard to get on: *Seit seiner ersten Aufführung ist* Visions of Johana *als Drogensong herumgereicht worden, aber Dylan selbst hat solche Interpretationen immer zurückgewiesen:* »I never have and never will write a drug song«, *kündigt er das Stück am nächsten Abend an, wobei ihm anzuhören ist, dass er dabei völlig bekifft ist.*

*Aber er hat Recht. Es ist nicht relevant, ob* Visions of Johana *von Halluzinationen oder Träumen handelt,* Series of Dreams, *wie Dylan ein späteres Stück von 1989 genannt hat. Sondern relevant ist, wovon diese Visionen erzählen und was dem Erzähler dabei widerfährt. Der Sänger hat Visionen und singt darüber:* »His sunglasses became windows«, *wie Patti Smith einmal über ihn geschrieben hat.*

*Für einen Moment halten Songs die Zeit an, sagt Dylan. An die Stelle der Zeit tritt der Raum, dessen Stille sich mit Sound füllt, so wie der Sänger die Stille im Saal mit Gesang füllt. Wo die Musik nicht hinkommt, ist die Stille endlos:* Inside the museums, infinity goes up on trial.

*In den Museen herrscht Unendlichkeit, aber mit den Museen konnte er noch nie etwas anfangen.* Visions of Johana *handelt von den Visionen, die kein Museum zeigen kann. Es sind die Visionen eines Schlaflosen im amerikanischen Traum.«*

*Musik:* Visions of Johana
*Amendt:*
»Für einen Moment halten Songs die Zeit an«.

Mehr als eine Dekade nach den tumultösen Auftritten in Manchester und London sollte Dylan im Juni '78 in der Berliner Deutschlandhalle erneut mit einem Publikum konfrontiert werden, dem nicht passte, was sich auf der Bühne tat.

Dabei war die Deutschland-Premiere in Dortmund ein Erfolg beim Publikum wie in den Medien, obwohl auf der Bühne in der Westfalenhalle nicht der Klampfenmann stand, der Hobo mit Mundharmonika und Gitarre, als den sie ihn irgendwie in Erinnerung hatten, sondern ein Bandleader, der mit acht Musikern und drei stimmkräftigen Frauen als Backing Singers in einer Big-Band-Formation auftrat. Wer Dylans Entwicklung in den 70er Jahren verfolgt und Street Legal, das damals aktuelle Album, zur Kenntnis genommen hatte, war eingestellt auf das, was ihn oder sie erwarten würde.

Trotzdem: Die Show durchchoreografiert, Dylan geschminkt mit Lidschatten, die Band in Bühnenklamotten, Don't Think Twice im Reggae Rhythmus, All Along the Watchtower dominiert von der virtuose Geige David Mansfields, *the silver saxophone* von Steve Douglas, die Kongas von Bobbye Hall und das Schubidubidu der Girls im Hintergrund, das war schon gewöhnungsbedürftig. Las Vegas Stil, wie ein Kritiker abschätzig anmerkte. Aber weder für das Publikum in England und Holland noch für das in Dortmund war es ein Grund zur Randale.

*Musik:* I Want You (Budokan)
*Amendt:*
In einem Sonderzug ging die Reise von Dortmund via Hamburg nach Westberlin. Dem Tourtross von insgesamt 50 Personen standen vier Waggons zur Verfügung. Ein Personen-, ein Salon-, ein Gepäck- und ein Speisewagen, dessen Personal sich mit US-amerikanischen Essgewohnheiten vertraut gemacht hatte. Einige Musiker hatten ihre Ladys dabei. Auch Dylans Tochter Anna war an Bord. Mary Alice Artes, damals die Frau an Dylans Seite, von der es heißt, sie habe ihn auf seinen religiösen Trip gebracht, kam erst in Paris dazu. Der Sonderzug wurde an fahrplanmäßige Züge angehängt und am jeweiligen Bestimmungsort wieder abgekoppelt.

Der Grenzübertritt in die DDR verlief reibungslos und korrekt wie auch die Ausreise Richtung Nürnberg zwei Tage später. Während der Roadmanager den Grenzbeamten am Bahnsteig in Büchen zusammen mit den Reisepapieren ein paar Autogrammkarten und signierte Platten überreichte, saß Dylan im Salonwagen und spielte Gitarre. Das verstimmte Klavier blieb unangetastet.

Der Zug traf am späten Nachmittag in Berlin ein: Bahnhof Zoo. Dylan und seine Begleiter logierten im Kempinski. Viel von der Stadt hat Dylan nicht gesehen. Am Tag des Konzerts auf dem Weg in die Halle, ließ er sich in die Lietzenburger Straße fahren, wo er sich in einem Secondhand-Laden umsah. Der Soundcheck in der Deutschlandhalle verlief befriedigend. Die Halle erwies sich als bespielbar, woran Fritz Rau, der deutsche Veranstalter, nie gezweifelt hatte: »Jede Halle ist bespielbar«, sagt er, »man muss sie nur bespielbar machen.«

Das Konzert ist ausverkauft. Dylan wird mit freundlichem Beifall empfangen. Die Band beginnt mit einer Instrumentalversion von A Hard Rain's A-Gonna Fall. Wie schon in Dortmund ist die Irritation des Publikums von Anfang an zu spüren. Doch von Song zu Song werden Dylan und seine Band mit freundlichem Beifall begleitet, beim einen Song mehr beim anderen weniger. Plötzlich gegen Ende des Konzerts fliegen Gegenstände auf die Bühne: Mehltüten, Eier, Wasserbeutel. Buhrufe und Pfiffe sind zu hören, am stärksten als Dylan die Sängerinnen vorstellt. Doch der zustimmende Beifall überwiegt. (Ein Großteil des Publikums hatte von der Aktion überhaupt nichts mitbekommen, wie sich später herausstellen sollte, als der Zwischenfall zum Stadtgespräch wurde.) Um so heftiger schlugen die Wurfgeschosse im Backstage Bereich ein, während Dylan ungerührt an der Setliste festhält und Forever Young spielt, bevor er die Bühne verlässt. Fritz Rau, hoch alarmiert, schlägt vor, es dabei zu belassen. Doch Dylan besteht auf den beiden im Programmablauf vorgesehenen Zugaben. Er kommt zurück, spielt – bei Saallicht – I'll Be Your Baby Tonight und beendet das Konzert wie vorgesehen mit The Times They Are A-Changin'. Fritz Rau ist beeindruckt. Er, als örtlicher Veranstalter, hätte akzeptiert, wenn Dylan ohne Zugabe abgetreten wäre.

Nach der Schlussnummer herrscht in den Katakomben der Deutschlandhalle beträchtliche Aufregung. Aus Sicherheitsgründen wird die Abfahrt ins Hotel verschoben. Fritz Rau und Dylans Security-Leute haben Angst vor Demonstranten, die den Bus blockieren könnten. Man wollte erst das Publikum abziehen lassen, bevor man den Bus bestieg. Dylan selbst zeigt sich unbeeindruckt.

»What happened?«, fragt er interessiert aber gelassen auf der Rückfahrt ins Hotel.

»Keine Ahnung.«

Ob sich der Protest gegen die schwarzen Sängerinnen gerichtet habe? Die Betonung liegt auf schwarz. Dylan vermutet einen rassistischen Hintergrund.

»Maybe, maybe not«. Niemand hatte eine schlüssige Antwort.

Damit scheint der »Zwischenfall« für Dylan erledigt. Er wechselt das Thema. Ob Fassbinder in der Stadt sei, will er wissen, und wo er ihn treffen könne? Fassbinder war in der Stadt, es gelang aber nicht, ihn in dieser Nacht noch zu erreichen. Dafür tauchte Elvis Costello am Pool des Kempinski auf, wo sich Dylan, seine Musiker und die Crew, soweit sie abkömmlich war, zum Chill-out bis zum Morgengrauen versammelt hatten.

Wer und aus welchem Grund damals Dylan eine Lektion erteilen wollte, ist bis heute unklar. Thomas Brasch, der in der Halle war und den »Zwischenfall« beobachtet hatte, stellt in einem Gedicht Vermutungen über den »Täterkreis« an.

Thomas Brasch:
Über den Sänger Dylan in der Deutschlandhalle

*ausgepfiffen angeschrien mit Wasserbeuteln beworfen*
*von seinen Bewunderern, als er die Hymnen*
*ihrer Studentenzeit sang im Walzertakt und tanzen ließ*
*die schwarzen Puppen, sah er staunend in die Gesichter*
*der Architekten mit Haarausfall und 5 000 Mark im Monat,*
*die ihm jetzt zuschrien die Höhe der Gage und*
*sein ausbleibendes Engagement gegen das Elend der Welt. So sah*

*ich die brüllende Meute: Die Arme ausgestreckt im
                                   Dunkel neben
ihren dürren Studentinnen mit dem Elend aller Trödelmärkte
der Welt in den Augen, betrogen um ihren Krieg,
zurückgestoßen in den Zuschauerraum
der Halle, die den Namen ihres Landes trägt, endlich
verwandt ihren blökenden Vätern, aber anders als die
betrogen um den, den sie brauchen: den führenden Hammel
Die Wetter schlagen um:
Sie werden kälter.
Wer vorgestern noch Aufstand rief,
ist heute zwei Tage älter.*

*Amendt:*
In der Woche nach Dylans Auftritt, erscheint im Berliner Szene-Blatt »Tip«, zwischen Anzeigen der Firmen Foto Meyer, Hifi Avantgarde und Herté Heimwerker Markt, eine schwarz gerahmte Todesanzeige, aufgegeben von einem Anonymus, der im Kleingedruckten mit W. A. F. signierte.

»Nach einem weitgespannten und erfüllten Leben entschlief am 29. 6. 1978 sehr laut, doch nicht ganz unerwartet, unser herzensguter Sänger, lieber Poet und treusorgender Komponist, unser unvergessenes Idol Bob Dylan. Fassungslos nehmen wir von ihm Abschied. Wir werden ihn nicht vergessen. Wir werden's ihm nicht vergessen. In stillem Zorn und tiefer Trauer. Die Hinterbliebenen. Berlin, im Juni 1978.«

Der Mann, der diese Anzeige geschaltet hatte, lebt noch immer in Berlin. Er betreibt erfolgreich in seiner Dahlemer Villa eine Werbeagentur. Er ist Besitzer eines Schlosses in Brandenburg und eines Châteaus in Südfrankreich. *Wer vorgestern noch Aufstand rief / Ist heute zwei Tage älter.*

*Musik:* THE TIMES THEY ARE A-CHANGIN'

*Amendt:*
Die Stimmung im Zug, der am frühen Vormittag vom Bahnhof Zoo durch die DDR Richtung Nürnberg abging, unterschied sich deutlich von der auf der Reise zwischen Dortmund und Berlin. Dylan und die meisten Mitglieder der Band bestiegen den Zug unausgeschlafen und ungefrühstückt. Im Speisewagen herrschte Hochbetrieb. Auch Dylan, der sich auf der Fahrt nach Berlin meist in seinem Abteil oder Gitarre spielend im Salonwagen verkrochen hatte, nahm am regen Treiben im Speisewagen teil. Trotz der frühen Stunde wurde viel geredet. Die Ereignisse vom Abend zuvor wirkten nach. Berlin war ein *reality-kick,* der die einschläfernde Tourroutine unterbrochen hatte. Unsanft geweckt, fragten sich plötzlich alle*:* Wo sind wir hier eigentlich and where do we go? Es war an der Zeit, den Berliner Zwischenfall zu vergessen und Dylan und seine Begleiter auf den Ort vorzubereiten, an dem sie am folgenden Tag auftreten sollten.

Dortmund, Berlin, Nürnberg beziehungsweise Westfalenhalle, Deutschlandhalle, Zeppelin-Field – so stand es im Tourplan. Niemand, weder Dylan noch die Band, hatte eine Vorstellung von der Nazikulisse, die sie auf dem Aufmarschgelände der Nürnberger Reichsparteitage vorfinden würden. Dabei ging Dylan alles andere als unvorbereitet in das Land, in dem er zum ersten Male auftreten sollte. In einem seiner frühen Songs WITH GOD ON OUR SIDE hatte er bereits die Rolle der Deutschen in der Schlachtordnung des Kalten Krieges sarkastisch kommentiert: *When the Second World War / Came to an end / We forgave the Germans / And we were friends / Obwohl sie sechs Millionen ermordeten / In den Öfen verbrannten / Haben jetzt auch die Deutschen / Gott auf ihrer Seite*. Unmittelbar vor seinem ersten Auftritt in der BRD besuchte er mit Freunden und einigen Musikern das Anne-Frank-Haus in Amsterdam. Auch das eine Vorbereitung.

Man hatte die Open-Air-Bühne in Nürnberg gegenüber

| CITY: | Nuremberg | | HOTEL: | Grand Hotel | |
|---|---|---|---|---|---|
| DATE: | 30.6.1978 | | ADDRESS: | Bahnhofstraße 1+3, Nuremberg | |
| | | | PHONE: | 0911/203621 | |

| BAGGAGE NO. | NAME | DATE ARR: DEP: | ROOM TYPE | ROOM NO. | VENUE INFORMAT |
|---|---|---|---|---|---|
| 1 | BOB DYLAN | | | | |
| 2 | DICK CURTIS | | | 125-6 | |
| 3 | PATRICK STANSFIELD | | | 306 | |
| 4 | JERRY SCHEFF | | | 322 | |
| 5 | STEVEN SOLES | | | 326 | |
| 6 | DAVID MANSFIELD | | | 215 | |
| 7 | BILLY CROSS | | | 301 | |
| 8 | ALAN PASQUA | | | 212 | VENUE: ZEPPELIN-FIELD |
| 9 | IAN WALLACE | | | 112 | ADDRESS: AM DUTZENDTEICH 8500 NUREMBERG |
| 10 | STEVE DOUGLAS | | | 209 | TELEPHONE: 96/97 |
| 11 | BOBBYE HALL | | | 317 | BACKSTAGE: 40 - 13 |
| 12 | JO ANN HARRIS | | | 342 | |
| 13 | HELENA SPRINGS | | | 311 | |
| 14 | CAROLYN DENNIS | | | 323 | |
| 15 | MARTY FELDMAN | | | 255-6 | |
| 16 | GARY SHAFNER | | | 229 | |
| 17 | CHRIS TAYLOR | | | 227 | |
| 18 | ARTHUR ROSATO | | | 312 | |
| 19 | MIKE CROWLEY | | | 327 | |
| 20 | MITCH FENNELL | | | 314 | |
| 21 | Brian Croft | | | 115 | |
| 22 | LOUIS LIND | | | 320 | |
| 23 | PAUL WASSERMAN | | | 340 | |
| 24 | P CALLAHAN | | | 207 | |
| 25 | STAN MILLER W STEVENSON | | | 223 | |

der Reichsparteitagstribüne aufgebaut. Das Publikum stand mit dem Rücken zur Naziszenerie, während Dylan und seine Musiker die Tribüne, von der aus Hitler die Paraden fanatisierter Massen abnahm, ständig vor Augen hatten. Ein Anblick ebenso überwältigend wie einschüchternd. »We actually stood on stage facing where Hitler used to address the rallies. Heavy deal, very heavy deal«, erinnert sich Eric Clapton.

Fritz Rau ahnte, was er seinen Künstlern zumuten würde. Noch in der Planungsphase der Tour spielte er mit dem Gedanken, die Nazitribüne mit schwarzen Tüchern zu verhängen. Um den Ungeist des Ortes zu bannen, wollte er in großen weißen Lettern »The Times They Are A-Changin'« quer über das verhüllte Objekt schreiben lassen. Es blieb bei einem Plan – zu aufwändig und zu teuer für einen one-nighter. Hätte Rau seine Idee umgesetzt, wäre er noch vor Christo der Erste gewesen, der ein Objekt deutscher Gewaltarchitektur verhüllte. Beeindruckt und aufgewühlt kehrte die Band nach Besichtigung der Spielstätte ins Grand Hotel Nürnberg zurück. Allen war klar, dass man auf diesen besonderen Ort irgendwie reagieren musste. Schließlich schlug Dylan nach einer Diskussion im Foyer des Hotels vor, auf das Stage-Outfit zu verzichten und ungeschminkt in Straßenkleidern aufzutreten. Und so geschah es.

Achtzigtausend, vielleicht auch hunderttausend Zuschauer und Zuschauerinnen waren gekommen, um Dylan auf dem Zeppelinfeld zu hören. Eric Clapton, der seinerseits Publikum mitgebracht hatte, trat im Vorprogramm und bei Dylans Zugabe auf. Schon lange vor Konzertbeginn umlagerten Tausende von US-amerikanischen Soldaten in Freizeitkluft und Bierlaune die Bühne. Einige waren ziemlich verladen, als Dylan endlich erschien. Die Band spielte einen Set von 31 Songs – in Dortmund und Berlin waren es 27. Zwischendurch – quasi in der Pause – zeigten zwei der backing vocals, was sie als Solistinnen draufhaben. Auch Steven Soles wurde

ein Solo zugestanden. Bevor Dylan zu MASTERS OF WAR ansetzte, ließ er das Publikum wissen, dass er wusste, wo er war. Es sei ihm eine Genugtuung, diesen Song an diesem Ort zu spielen: »Great pleasure to sing in this place.«

Die Show von fast drei Stunden ging ohne Zwischenfall über die Bühne. Die »paar Dutzend Neonazis«, welche bei MASTERS OF WAR mit Gegenständen geworfen haben sollen, hat außer dem englischen Dylan-Biografen Clinton Heylin niemand gesehen.

Auf der Fahrt von Nürnberg über Straßburg nach Paris am nächsten Vormittag versammelte sich die Band in dem mit einer respektablen Stereoanlage ausgestatteten Salonwagen, um den Mitschnitt des Konzerts vom Tag zuvor abzunehmen. Dylan war unzufrieden mit dem PA-Mix. Der Mann am Mischpult habe seine Gitarre weggedrückt. In Paris wurde er ausgewechselt. Zufrieden waren dagegen alle mit dem Solo von Helena Springs, die scheu und verlegen den Beifall ihrer Mitspieler entgegennahm.

Paris: another city – another show. Nicht ganz, denn obwohl ihn das französische Publikum feierte, wurde Dylan noch lange vom Nachhall seines Auftritts in Nürnberg verfolgt. Nachts, sagte er, kommen die beklemmenden Bilder wieder hoch: »There was a lot of violence in the crowd.«

*Musik:* SEÑOR (STREET LEGAL)

II.
*Musik:* MONTAGE

> *DAS WETTER*
> *Skies are slippery grey*
> *The air burns*
> *Storm clouds rise*
> *The wind howls like a hammer*

*The night blows cold and rainy*
*That long black cloud is comin' down*
*The ocean wild like an organ played*
*The roar of a wave that could drown the whole world*
*A hard rain's gonna fall*
*The rain of war time*
*At least at least*
*The sky is pleasant grey*
*Meaning rain*
*Or meanin' snow*
*Constantly meanin' change*

*Amendt:*

Ein Nachtrag noch zum Thema Dylan und Berlin. Nach seiner energiegeladenen Show in der Treptower »Arena« im Frühsommer 2000 schrieb ein begeisterter Kritiker, jetzt sei auch das Berliner Publikum mit Dylan endgültig im Reinen. Wieso erst jetzt? Nach dem »Zwischenfall« in der Deutschlandhalle 1978 ist Dylan wiederholt in der Stadt gewesen. Er ist als Rabbi verkleidet im Kongresszentrum aufgetreten, er hat unter dem Zeltdach des Tempodrom neben dem verhüllten Reichstag gespielt und draußen auf der Waldbühne. Das Berliner Publikum hatte sich längst mit Dylan ausgesöhnt, was sich auch in der Presseberichterstattung spiegelt. Wäre da nicht das Publikum im Osten der Stadt, das seine eigene Erinnerung mit Dylans Auftritt im Treptower Park am 17. September 1987 verbindet. Es ist die Erinnerung an eine große Enttäuschung.

Dylan war ein Mythos auch in der DDR. Die vom Zentralrat der FDJ als Friedenskonzert deklarierte Show war Dylans erster Auftritt in der Hauptstadt. Eine fiebrige Erwartung schlug ihm entgegen, als er unter dem überraschend verhaltenen Beifall von mehr als hunderttausend Menschen die Bühne im Treptower Park betrat. Vor ihm ein erwartungsvolles Publikum, das danach gierte, als Publikum wahrgenommen zu werden, das auf ein Zeichen von der Bühne wartete, woraus zu schließen wäre, dass sich der Sänger wie das Publikum des Besonderen dieses Augenblickes bewusst sind. Das konnte nicht funktionieren.

Für Dylan und seine Band war die Bühne im Treptower Park ein Veranstaltungsort unter vielen. Sie hatten, bevor sie nach Europa kamen, zwei Konzerte in Tel Aviv und Jerusalem gespielt. Dylan soll es schwer gehabt haben mit dem israelischen Publikum. Doch das ist eine andere Geschichte.

Eröffnet wurde die Europa-Tour in Basel, wo Dylan mit Tom Petty & The Heartbreakers im Stile einer Punkband ein denkwürdiges Konzert gab. Über Modena, wo sie im Rahmen des Festivals der Unita spielten, Turin, Dortmund und Nürnberg kam die Tour nach Berlin, von wo aus sie weiterzog nach Rotterdam, Kopenhagen und Helsinki. Der Ablauf des Konzerts im Treptower Park folgte einer Set-Dramaturgie, die Roger McGuinn mit seiner akustischen Gitarre an den Anfang setzte, gefolgt von Tom Petty & The Heartbreakers sowie Roger McGuinn gemeinsam mit Tom Petty & The Heartbreakers und ans Ende der Show Bob Dylan. Der spielte wie an den Abenden zuvor und an den Abenden danach 14 Songs und entschwand. Wortlos. Eben das hat ihm das Ostberliner Publikum übelgenommen. Das nahm man persönlich. Man wollte angesprochen werden. Wer wusste schon und wollte schon wissen, dass Dylan sich in den Konzerten davor wie auch in den Konzerten danach ebenso wortlos davongemacht hatte.

In Christoph Dieckmanns Text »How Does It Feel«, der Dylans Auftritt im Osten Berlins aus der Sicht des Einheimischen beschreibt, ist diese Enttäuschung deutlich zu spüren. Dieckmann fühlte sich, wie viele andere auch, mit denen ich in den Jahren danach über das Ostberliner Konzert gesprochen habe, um etwas betrogen. Eine, wenn man nachfragt, diffus zu nennende Erwartung. Als er dann auch noch einen Bühnenablaufzettel findet, auf dem Stücke verzeichnet sind, die an diesem Abend nicht zu hören waren, glaubt er zu wissen, dass Dylan aus unerfindlichen Gründen frühzeitig die Lust verloren und das Konzert abgebrochen habe. Dieckmann zählt die Songs auf, die dem Ostberliner Publikum entgangen sind, darunter auch I Dreamed I Saw St. Augustin. Doch ausgerechnet dieser selten gespielte Song war das herausragende Ereignis des Abends im Treptower Park. Christoph Dieckmann hatte ihn im Wust seiner widersprüchlichen Gedanken und Empfindungen einfach überhört. So etwas nennt man einen emotionalen Ausnahmezustand. Das Phänomen ist im Zusammenhang mit Bob Dylans Auftritten allgemein bekannt, gilt aber nicht als behandlungsbedürftig.

Musik: Song to Woody
*Hörspiel:* True Dylan *von Sam Shepard*

*Michael Altmann, Günter Amendt, Dietmar Mues*

*Amendt:*
»True Dylan« von Sam Shepard mit Michael Altmann als Bob und Dietmar Mues als Sam. Musik Torge Niemann, Ton Karl-Heinz Stevens und Dagmar Schondey.

*Dietmar Mues:*
*TARANTULA*
*Musik:* Desolation Row

    III.
*Musik:* Montage

> *DAS WETTER*
> *Once more it's winter again*
> *Time like ice like fire*
> *The wind blowing snow around*
> *Twilight on the frozen lake*
> *North wind about to break*
> *On footprints in the snow*
> *Silence down below*
> *Sometimes silence can be like thunder*

Musik: Just Like A Woman
*Kongressbericht*
Bereits zum vierten Male trafen sich im Frühling vergangenen Jahres Mitglieder der »Société Anonyme Dylanologique« im norditalienischen Villadeati zu einem ordentlichen Symposium.

Gastgeber Carlo Feltrinelli wies in seiner Begrüßungsansprache darauf hin, wie emotional aufgeladen das Tagungsthema »Dylan und die Frauen« sei. Zwar habe man beim ersten Symposium »Bob Dylan und seine Zeit« einige interessante Aspekte zu Dylans Zeitbegriff erörtern können, doch schon das Thema des zweiten Treffens »Dylan und Drogen« sei von vielen Teilnehmern als zu unwissenschaftlich zurückgewiesen worden. Das dritte Symposium »Dylan als Droge« musste gar mangels Beteiligung abgesagt werden.

Es sei unbestreitbar, fuhr Feltrinelli fort, dass man mit der Wahl des diesjährigen Themas die zentrale Frage der Dylan-Forschung angeschnitten habe. Zu seinem Bedauern musste der Mailänder Verleger und Dylan-Spezialist dann aber bekannt geben, dass die Referentin des Eröffnungsvortrages kurzfristig abgesagt habe, nachdem sie die Teilnehmerliste, die sie als einzige Frau auswies, zur Kenntnis genommen hatte. Ihr schriftlich eingereichter Beitrag »Just Like a Woman. Dylans Frauenbild zwischen Kinderblick und Machoperspektive. Eine Dylan-Kritik aus feministischer Sicht« wurde von einem Teilnehmer verlesen.

Niemand widersprach in der anschließenden Diskussion der feministischen Interpretation von JUST LIKE A WOMAN, und viele Diskussionsredner wollten auch die dem Song innewohnende Gefahr der Klischeebildung nicht ausschließen, andererseits wurde aber die feministische Auseinandersetzung mit JUST LIKE A WOMAN selbst als typisches Beispiel feministischer Klischeebildung kritisiert. Es sei auffallend, dass der bemerkenswerten Analyse eines frühen Dylan-Songs keine weitere Auseinandersetzung mit Dylans Werk folgte. Analysiert, abgestempelt und eingetütet, dabei, so wurde argumentiert, habe es die feministische Kritik belassen.

»Völlig unbefriedigend und ziemlich dürftig« nannte der Baseler Dylan-Forscher Martin Schäfer diesen textlastigen Ansatz. Dylans Frauen- aber auch Männerbild sei geprägt von der krassen und starren Geschlechterrollenfixierung des schwarzen Blues. Wer zum Blues nichts zu sagen habe, solle über Dylan schweigen, forderte der Referent.

Grob vereinfacht, ergänzte der Frankfurter Dylan-Experte Ralf Obert, agierten Dylans Helden nach einem immer wiederkehrenden Grundmuster. Dylans männliche

Helden verlassen das Schlachtfeld der Liebe meist als Verlierer. Nur ein hochentwickelter Fluchtinstinkt bewahrt sie vor der totalen Vernichtung. Dylans Frauen dagegen sind stark, mächtig und oft verschlingend. *I gave her my heart, but she wanted my soul* – sei eine Schlüsselszene. Durch Dylans umfangreiches Werk geistern viele namenlose *girls* und *ladies, babes* und *babies, sisters* und *queens, angels* und *sweethearts*. Was Dylan als Dichter und Dramatiker, der er zweifellos auch sei, so bedeutend mache, seien die von ihm geschaffenen Frauengestalten. In Workshops am Song-Beispiel befassten sich die Tagungsteilnehmer mit *Isis* und *Hazel, Angelina* und *Corina, Sara* und *Johana, Rita Mae* und *Joan Baez, Mrs. Henry* und *Gipsy Lou*. Auch das tragische Schicksal der *Hattie Carroll* und die Zustände auf *Maggie's Farm* wurden erörtert. Ob *Queen Jane* als Männer- oder als Frauenfigur zu sehen ist, war eine heiß umstrittene Frage. Sie blieb ungeklärt.

*Musik:* Tomorrow is a Long Time

Am zweiten Tag des Dylan-Symposiums im italienischen Villadeati wurde der Verzicht auf eine psychoanalytische Deutung der Mama-Metapher in Dylans Liedern von vielen Teilnehmern als Manko der Veranstaltung kritisiert. Es könne, Bluestradition hin Bluestradition her, nicht unanalysiert und unkommentiert bleiben, wenn ein in der Tradition der weißen jüdischen Mittelschicht erzogener Mann sich völlig ungebrochen der schwarzen Bildsprache bediene. Der aus Hamburg Winterlude angereiste Dylan-Experte Uwe Heidorn wies in diesem Zusammenhang auf einen religionssoziologisch interessanten Aspekt hin. Liege nicht gerade im Mutterbild der jüdischen wie der afro-amerikanischen Tradition der Schlüssel zum Verständnis von Bob Dylans Blues? Auch diese Frage blieb unbeantwortet.

Einiges Aufsehen erregte der Vortrag des Hamburger Sexualwissenschaftlers und Dylan-Forschers Gunter Schmidt, der in seiner etwas saloppen Eingangsbemerkung Dylan als »Weltmeister der Ambivalenz« bezeichnete. Am Beispiel von Dylans Geschlechterrollenverständnis versuchte Schmidt, diese Ambivalenz deutlich zu machen. Einerseits bewege sich Dylans Denken und Empfinden ganz im Rahmen jener stereotypen Geschlechterrollen der Bluestradition, auf die mehrere Referenten bereits hingewiesen haben, andererseits versuche Dylan jedoch ständig, dieses Klischee zu zerstören: *it is not he or she or them or it, that you belong to.*

Während die Zeile *the waitress he was handsome* mehr als Humorbeispiel der frühen 60er Jahre zu verstehen sei, treibe Dylan in seinem 1979 veröffentlichten Song I Believe in You die Geschlechterrollenkonfusion auf eine einsame Spitze. Das Lied, so der Referent, sei ein Glaubensbekenntnis, doch es klinge wie eine Liebeserklärung: Egal, was immer sie über dich oder über mich oder über unsere Liebe sagen werden, *I believe in you.* Man höre die Stimme eines verwundeten, eines von einer verbotenen Liebe stigmatisierten Mannes, der unerschütterlich *even on the morning after* an seiner Liebe festhält. Nur wer die Entstehungsgeschichte, nur wer den religiösen Kontext dieses Liedes kenne, könne den hier vollzogenen Geschlechterrollenwechsel nachempfinden. Erstmals in einem von Dylans Liebesliedern ist das lyrische Objekt der Begierde ein Mann. Der Mann heißt Jesus. Doch Gott, das ließ Dylan schon in den frühen Sechzigern wissen, der Gott der Juden wie der dreieinige Gott der Christen – *god is a woman.* Der Vortrag gipfelte in der Feststellung, Dylan als Sänger und Poet sei transsexuell, jenseits von gut und böse, jenseits von Mann und Frau.

*Musik:* I Believe in You
Auch im Schlussplenum hielten sich die Teilnehmer des vierten Symposiums der »Société Anonyme Dylanologique« an

die selbstgesetzte Vorgabe, das Privatleben des am 24. Mai 1941 in Duluth, Minnesota geborenen Robert Allen Zimmerman nicht auszuleuchten. Informell und außerhalb des offiziellen Tagungsgeschehens war man sich jedoch darin einig, dass Zimmermans Beziehung zu Frauen eher als konventionell und seine Vorstellung über die der Frau zugedachte Rolle eher als traditionell zu bezeichnen wäre. Damit dürfte sich Dylans Lebensstil nur geringfügig von dem seiner hartnäckigsten Fans unterscheiden.

Im Juli diesen Jahres werden sich die Teilnehmer des Symposiums anlässlich von Dylans 60. Geburtstag erneut treffen. Thema dann: »Who are you and who was Baby Blue«. Ferner wird ein Workshop zum Thema »Dylan und das Wetter« angeboten.

*Musik:* LOVE SICK
*Amendt:*
And the Oscar goes to – Pause – Bob Dylan. Tosender Beifall des Auditoriums in Los Angeles. Diese magische Formel des US-amerikanischen Showbusiness im Zusammenhang mit Bob Dylan zu hören, war für viele eine Überraschung, auch weil »Wonderboys« in den USA ein Flop war. In Konkurrenz mit Rady Newman, Björk und Sting wurde Dylans THINGS HAVE CHANGED als bester Film-Song ausgezeichnet. Dylan spielte in Australien und wurde mit einer Zeitverschiebung von 18 Stunden der Oscar-Verleihung zugeschaltet. Seine Dankesrede beendete er mit einem »God bless you all with peace, tranquility and good will«.

Vor dem Oscar war ihm bereits der Globe Award zugesprochen worden und drei Grammys, darunter der für das Album des Jahres, für TIME OUT OF MIND. Mit diesem 1997 veröffentlichten Album hatte er nicht nur seine Fans begeistert, sondern auch die Kritiker und die Musikindustrie zurückgewonnen.

Und wieder, wie schon bei Oh Mercy, verdankt er seinen auch kommerziellen Erfolg der Zusammenarbeit mit Daniel Lanois, dem kanadischen Produzenten, von dem Dylan schon nach der Oh Mercy-Session schwärmte: »Für jemanden, der ein Ohr hat wie Daniel Lanois, ist es mehr so, als würde dir jemand helfen. Er ist Musiker. Das hilft. Mein Gefühl und meine Hoffnung ist, dass wir wieder einmal zusammenarbeiten können, denn er hat es völlig schmerzfrei gemacht.«

Dass Dylan sich quält, jedes Mal wenn er ins Studio geht, ist allgemein bekannt und in unzähligen Interviewäußerungen belegt. Das technische Brimborium einer Studiosession geht ihm schwer auf die Nerven. Es war also naheliegend, dass er neuerlich die »schmerzfreie« Zusammenarbeit mit Lanois suchen würde, als er soweit war, ein neues Album einzuspielen. Das Ergebnis wird von vielen Kritikern mit Highway 61 Revisited, Blonde on Blonde, Bringing It All Back Home oder Blood on the Tracks verglichen, Plattenveröffentlichungen, die als Highlights in Dylans Schaffen gelten. Man muss nicht so weit gehen wie Elvis Costello, der Time out of Mind für Dylans beste Platte überhaupt hält, um zu verstehen, dass Bob Dylan Ende der 90er Jahre kurz vor seinem sechzigsten Geburtstag ein grandioses Comeback gelungen ist. Dabei versteht sich von selbst, dass seine hartnäckigsten Fans von einem Comeback nichts wissen wollen, schließlich sei Dylan, wie Diedrich Diederichsen einmal spitz bemerkte, »nie weg gewesen«.

In einer anschwellenden Flut von Veröffentlichungen versucht das Syndikat der Dylan-Deuter, das Außerordentliche dieses Albums zu erfassen, zu erklären und begreifbar zu machen. Die lyrics werden vermessen, abgewogen und katalogisiert, als handele es sich um papierene Gedichte und nicht um Songtexte, die sich erst dann voll entfalten, wenn sich eine Melodie und ein Rhythmus mit den Phrasierungen von Dylans unverwechselbarer Stimme verbinden: Nobody sings Dylan like Dylan.

Wer sich unbedingt auf eine akademische Textinterpretation einlassen will, mag darüber streiten, ob die lyrics von TIME OUT OF MIND die Qualität jener Songs erreichen, die Dylan in den 60er Jahren geschrieben hat. Auch ist jedem unbenommen, sich an den oft weit hergeholten theologischen Deutungen von Dylans Texten zu beteiligen, wie sie in der Gemeinde der Dylan-Deuter noch immer en vogue sind.

Wen das alles aber nicht interessiert, der oder die wird einfach nur genau hinhören und dem Blues in Dylans Liedern nachspüren, denn der Blues ist der Schlüssel zum Verständnis von Dylans Werk, er verschafft auch denjenigen einen Zugang, denen sich seine Texte aufgrund von Sprachproblemen nicht oder nur bruchstückhaft erschließen.

*Musik:* NOT DARK YET
*Amendt:*
*Not dark yet / but it's getting there* – aus TIME OUT OF MIND, produziert von Daniel Lanois.

Alle, die mit Lanois gearbeitet haben – Robbie Robertson, Peter Gabriel, Emmylou Harris, die Neville Brothers –, haben ihn als einen Tonmeister erlebt, der es schafft, für die Dauer der Produktion eine Studioatmosphäre herzustellen, die dem Künstler erlaubt, sich weit zurückfallen zu lassen in Erinnerungen an seine frühen Jahre und die Landschaft, in der er geboren wurde. Sie sagen: Lanois' Arbeitsweise als Produzent und Musiker, der er auch ist, setze tief verborgene Erinnerungen frei, dringe vor ins Unbewusste. In dieser Grenzregion, wo das Bewusste mit dem Unbewussten sich streitet, hat Dylan sich immer aufgehalten. Deshalb auch macht es keinen Sinn, seine Texte akribisch zu analysieren und in ein Ordnungsschema zu pressen, um eine bestimmte Botschaft herauszufiltern. Denn viele seiner Zeilen sind »nur« Gedankenfetzen und Traumsequenzen, die sich der Logik einer Analyse entziehen.

Und was ist mit seinen Protestsongs – vor allem denen in den 60er Jahren? Gab es da nicht eindeutige, bewusste Botschaften? Ja, sicher, auch wenn selbst damals die Botschaften nicht immer so eindeutig waren. Doch davon und von seiner religiös-fundamentalistischen Phase einmal abgesehen, war Dylan Zeit seines Lebens auf der Seite der Outlaws und *every hung-up person in the whole wide universe* zu finden. Das ist die einzige Gewissheit in einem Künstlerleben, das dem Prinzip folgte, allen Gewissheiten zu misstrauen. Dazu bedarf es, nach Dylans eigenem Verständnis, keiner Analyse. Das ist eine Haltung auf Erfahrungswissen beruhend. Dylan war immer der unmittelbaren Erfahrung verpflichtet. How does it feel, ist die Frage aller Fragen. Nicht sonderlich gut, die Anwort. Denn WORLD GONE WRONG, wie er sein 1993 veröffentlichtes Album mit amerikanischen Traditionals nannte.

Ob Dylans apokalyptische Weltsicht, von der TIME OUT OF MIND durchdrungen ist, sich auf den Zustand des Planeten bezieht, oder auf den Zustand eines alternden Mannes, der sein Ende kommen sieht – *not dark yet / but it's getting there* – ist eine der Fragen, die viele seiner Bewunderer auf der Suche nach dem biografischen Bezug in jedem seiner Songs ausführlich diskutieren. Das Bedürfnis, die eigene Biografie mit der ihres Idols in Beziehung zu setzen, um Orientierung zu finden, ist unter den Liebhabern von Dylans Werk weit verbreitet. Dylan selbst hält diese Art von Spurensuche für völlig daneben. Auch spricht er seinen Bewunderern das Recht ab, irgendetwas von ihm zu erwarten: »Anybody who expects anything from me is a borderline case.« Es sei schwer für ihn zu verstehen, warum die Leute kommen, um ihn zu hören, und was sie in seinen Liedern suchen: »Vielleicht dasselbe, nach dem ich gesucht habe, als ich sie schrieb.«

Die Wahrheit über Dylan ist die Wahrheit eines jeden Einzelnen, der die Erfahrungen seines Lebens, seine Enttäuschungen und seine Hoffnungen, seine Ernüchterung und seine Träume in Dylans ebenso reichem wie widersprüchlichem Werk vorzufinden hofft. Wer über Dylan spricht, spricht immer auch über sich selbst. Denn Dylans Werk öffnet, wie Büttner schreibt, »Innenräume, es ist ein ungeheuer intimer Vorgang, ihm zuzuhören, auch bei Konzerten unter Tausenden hat man das Gefühl, hier stehe einer und singe für jeden ganz alleine«. Dieses Werk ist öffentlich, jeder kann und darf sich bedienen, es ist für jeden und jede etwas dabei: *I've made shoes for everyone, even you, while I still go barefoot.*

*Musik:* SERIES OF DREAMS
*Amendt:*
Das war die »Lange Nacht« zu Dylans 60. Geburtstag mit Michael Altmann, Alan Bangs, Thomas Brasch, Jean-Martin Büttner, Dietmar Mues, Woody Mues, Torge Niemann und Ulrich Wickert. Ton: Karl-Heinz Stevens und Dagmar Schondey. Studioton: N.N.

*Musik:* SERIES OF DREAMS

## Political World

Wer jung war in den 50er Jahren und auf Ärger aus, der musste nur den Sender der amerikanischen Besatzungstruppen einstellen und das Radio voll aufdrehen. Da war »music in the air«, ein Sound, der die Jungen elektrisierte und die Alten fassungslos machte: »Was soll der Amikram?«, »Stell' diese Niggermusik ab.« Dumpfmeister gaben den Ton an in den 50er Jahren. Jeans und Jazz, Swing und Rock 'n' Roll – alles Amikram. Ungeeignet und schädlich für die deutsche Jugend. Zu wild, zu schmutzig und zu fremd. Die Nazis waren besiegt, ihre Vorstellung von Zucht und Ordnung noch lange nicht.

Der Krieg war verloren, das Land war zerstört, die Nation geteilt. Auf der Tagesordnung stand der Wiederaufbau. Jede Rückbesinnung auf die gerade überstandene Katastrophe und jede Frage nach deren Ursachen war in der Euphorie des erfolgreichen Neubeginns verpönt. Das ganze Ausmaß des Naziverbrechens begann gerade erst ins öffentliche Bewusstsein zu dringen, da kursierte auch schon die Forderung nach einem Schlussstrich. Warum auch nicht? In der neuen Schlachtordnung des Kalten Krieges hatten auch die Deutschen – genauer: die im Westen – wieder Gott auf ihrer Seite.

Deutschland hatte einen Vernichtungsfeldzug begonnen, der die Welt auf den Kopf stellte, und Millionen Amerikaner waren am Kampf gegen den Terror der Nazis beteiligt. Jeder Krieg hinterlässt Spuren – auch bei den Siegern: »Als ich 1945 aus dem Krieg in die USA zurückkam, kehrte ich zurück nach Harlem und überlegte, was ich mit meinem Leben anfangen sollte. Man hatte uns gesagt, dass wir für Demokratie zu kämpfen hätten, dass wir die Welt befreien sollten, damit alle Menschen am ›guten Leben‹ teilhaben könnten. Das hatte besonders für uns Schwarze eine Bedeutung.« Auch Harry Belafonte, damals ein noch unbekannter junger Mann auf der Suche nach einer Rolle im Leben, war voller Fragen, als er vom europäischen Kriegsschauplatz in die US zurückkehrte: »Wenn wir gekämpft haben, um die Welt für die Demokratie zu retten, wie steht es dann mit den Vereinigten Staaten? Was wird dann aus den Gesetzen, die die Rassentrennung festschreiben? Was machen wir mit der fehlenden Chancengleichheit? Wie gehen wir mit den rassistischen Vorurteilen um? Viele von uns sind heimgekommen, fest entschlossen, sich für die Veränderung der Verhältnisse in den Vereinigten Staaten einzusetzen.«

Doch das weiße Establishment dachte nicht daran, auch an der Heimatfront schwarze Kriegsveteranen als Gleiche unter Gleichen zu behandeln: »Eine der üblichen Phrasen der Anhänger der Rassentrennung war: ›Wir müssen die Nigger wieder an ihren Platz verweisen.‹ Und sie taten ihr schmutziges Geschäft.«

Ursprünglich ein Baptisten-Choral, wurde WE SHALL OVERCOME zur Hymne der neuen Bürgerrechtsbewegung. Sie wurde überall gesungen, wo sich in den 50er und 60er Jahren Widerstand gegen das atomare Wettrüsten, gegen koloniale Ausbeutung und Rassendiskriminierung formierte. Mit seiner einfachen Botschaft – black and white together – und seiner eingängigen Melodie war dieser Protestsong der amerikanischen Bürgerrechtsbewegung schon bald die Erkennungsmelodie einer weltweiten Bewegung gegen den Krieg und gegen die atomare Bedrohung.

Jetzt waren auch auf deutschen Radiosendern immer häufiger die Stimmen amerikanische Folk-Sänger zu hören: Woody Guthrie, Pete Seeger, Peter Paul and Mary, Judie Collins, Odetta, Joan Baez und der tiefe Bass von Paul Robeson, der schon als Sänger im Spanischen Bürgerkrieg vor den Internationalen Brigaden aufgetreten war. Und dann war da noch die näselnde Stimme eines jungen Sängers, der Lieder sang, in deren Texten die richtigen Fragen gestellt wurden: Ihr Herren des Krieges beantwortet mir eine Frage:

*Let me ask you one question / Is your money that good / Will it buy you forgiveness / Do you think that it could / I think you will find / When your death takes its toll / All the money you made / Will never buy back your soul.*

Dieser Typ mit der sägenden Stimme schlug einen ungewohnt scharfen und unversöhnlichen Ton an: *I hope that you die* ... Ich hoffe, ihr verreckt bald, und ich werde eurem Sarg folgen um sicher zu sein, dass ihr auch unter die Erde kommt. Die 60er Jahre hatten begonnen. Niemand konnte wissen, dass man von diesem Jahrzehnt einmal sprechen würde, wie die Alten von den Goldenen Zwanziger Jahren sprachen.

*Come mothers and fathers / Throughout the land / And don't criticize / What you can't understand / Your sons and your daughters / Are beyond your command / Your old road is / Rapidly agin' / Please get out the new one / If you can't lend your hand / For the times they are a-changin'.*

Das war die Lage, wie viele sie sahen, die damals jung waren: Wir haben verstanden, wir sind bereit zu handeln, und es wird gelingen. Schluss mit der Korruption, Schluss mit den Lügen und der Doppelmoral. Wir machen das Spiel nicht mehr mit. Das war die Haltung. Jede einzelne Zeile in den Liedern des jungen Robert Allen Zimmerman, der sich Bob Dylan nannte, war eine Bestätigung dieser Haltung.

Bob Dylan hatte seine Jugend in einem Kaff namens Hibbing nahe der kanadischen Grenze verbracht, bevor es ihn nach New York zog, wo er mit seiner Gitarre, seiner Mundharmonika und seiner ungewöhnlichen Vortragsweise sofort die Aufmerksamkeit des Folk-Publikums auf sich zog. Dylan wurde zum Folkstar. Er blieb es so lange, wie er sich an die ebenso rigiden wie willkürlichen Regeln der Folk-Szene hielt.

Mit dem Erstarken der Bürgerrechtsbewegung erlebte auch der Folksong ein Revival. Folk war eine Rückbesinnung auf die Geschichte der Klassen- und Rassenkämpfe in den USA und ein Rückgriff auf die Lieder dieser Zeit. Die Folk-Szene verstand sich als Teil der politischen Bewegung. Als Folk-Sänger galt, wer einen selbst oder von anderen ausgegrabenen Song so vortrug, wie er im Original geklungen hatte bzw. geklungen haben könnte. Akustische Gitarre, Banjo, Geige, Harmonika, irgendeine Art von Bass und manchmal auch ein Shuffelbrett waren die von Folk-Interpreten bevorzugten Instrumente. Jede textliche, musikalische und interpretatorische Abweichung vom Original wurde als Verrat an der Folk-Tradition angeprangert.

Dylan verstieß gleich mehrfach gegen das Reinheitsgebot der Folk-Puristen. Als Künstler, der noch viel vorhatte, konnte und wollte er sich auf Regeln nicht festlegen lassen. Schon die Etikettierung als Folk-Sänger ging ihm auf den Geist.

»Die Bezeichnung ›Folk‹ war mir nicht geläufig, bis ich nach New York kam. ›Folk‹ ist nur ein Name. Ich singe eine Menge alter Jazz-Songs, sentimentale Cowboy-Songs, Sachen aus den Top 40, aus den Hitparaden. Die Leute müssen für alles einen Namen haben.«

»Die Leute« – genauer: die Leute von der Tonträgerindustrie – sollten schon bald auch einen Namen für das finden, was dieser junge, schmächtige, leicht schmuddelige Typ auf den Bühnen kleiner Cafés und Clubs downtown New York City bot. Spätestens mit HIGHWAY 61, Dylans erstem Rockalbum, begannen die Plattenbosse zu erkennen, dass da einer die eingespielte Arbeitsteilung der Musikbranche aufzuheben begann. Denn anders als die meisten seiner singenden Folk-Kollegen kam Dylan mit eigenen Songs. Das war eine neue Qualität. Singer und songwriter waren identisch. Anfang der 70er Jahre ging diese Erkenntnis in den Branchenjargon der Tonträgerindustrie ein. Das Etikett »singer/songwriter« war kreiert.

In Europa machte ein verträumt romantischer Junge, der

sich Donovan nannte, auf sich aufmerksam. Seine Plattenfirma pries ihn als den britischen Dylan an. Mit seiner Huckleberry-Finn-Mütze und dem auf die Gitarre geklebten Woody Guthrie Spruch »This machine kills fascists« sah er aus wie eine wandelnde Dylan-Kopie.

Bob Dylan wurde zum Maß aller Dinge. Jeder Newcomer musste sich an ihm messen lassen. Auch Bruce Springsteen wurde, kaum hatte er sein erstes Album veröffentlicht, als der »neue Dylan« promotet. Eine Hypothek, die nicht abtragbar war, eine Last, an der er als singer und als songwriter fast zerbrochen wäre. Dylan selbst hätte sich so nie bezeichnet. In seinen Reisepapieren gibt er als Beruf »entertainer« – Unterhaltungskünstler – an. Er sei ein »song and danceman«, hat er irgendwann einmal in einem seiner wegen ihrer Aggressivität, ihres Hochmuts, ihrer Komik und ihres Nonsens legendären Interviews gesagt.

Auch politisch wollte Dylan sich nicht vereinnahmen lassen.

»Ich bin mit allem einverstanden, was sich da tut, aber ich bin kein Mitglied von irgendeiner Bewegung.«

Es dauerte nicht lange, und der Vorwurf des Verrats lag in der Luft. Er wurde zu einem Leitmotiv in der Auseinandersetzung mit Dylan.

Folk- und Protestsongs dienten der »moralischen Aufrüstung«. Sie waren eine musikalische Bestätigung dessen, was man wusste, was man dachte, wofür man sich einsetzte, und wofür man kämpfte. Kopfmusik mit oft pathetischen und sentimentalen Untertönen. Jede Massenbewegung bringt solche Lieder hervor.

Auch in Deutschland – hüben wie drüben, in der BRD wie in der DDR – versuchten Musiker und Musikerinnen sich in den Dienst der politischen Sache zu stellen. Die einen trafen sich in der Singebewegung die anderen auf der Burg Waldeck. Zu wenig Blues, zu viel Pathos.

Einzig Franz-Josef Degenhardt, der sich musikalisch am französischen Chanson orientierte, hat Lieder geschrieben, die über politische Gebrauchsmusik hinausgehen.

Der Versuch, eine dem angelsächsischen Folk entsprechende Tradition zu begründen, ist gescheitert – in beiden deutschen Staaten. Wolf Biermanns Selbsteinschätzung, er sei der »deutsche Dylan«, ist einfach nur grotesk. Sie ist auch ein Beleg dafür, wie wenig Biermann den anglo-amerikanischen Einfluss auf die bundesdeutsche Jugendkultur, die auf diesem Umweg Afrika entdeckte, verstanden hat.

Erst Sängern und Gruppen wie Lindenberg, Ambros, BAP und allen voran Rio Reiser ist es gelungen, den angelsächsischen Sound so zu verarbeiten, dass ein eigenständiges Produkt entstand – weder bloße Kopie der anglo-amerikanischen Tradition noch ein Anknüpfen an die vom Faschismus missbrauchte und vom Stalinismus verdorbene deutsche Liedtradition.

Beim Folkfestival in Newport vollzog sich Dylans Wandlung vom singenden, klampfenden und Mundharmonika spielenden Straßensänger zum elektrifizierten Song-Poeten, der, mehr als jeder andere, mit seinen Liedern den Soundtrack zur Jugendrebellion der 60er Jahre lieferte. BRINGING IT ALL BACK HOME. Dylan war da, wo er schon immer hinwollte – beim Rock'n'Roll. Die Byrds hatten mit der Cover-Version von MR. TAMBOURINE MAN einen Hit gelandet, und HIGHWAY 61 war längst eingespielt, als Dylan mit seiner Band die Bühne in Newport betrat. Es funktionierte also, und es gab keinen Grund, sich die falsche Alternative – Folk oder Rock – aufdrängen zu lassen.

»Ich wusste, dass es nicht so zu sein brauchte. Ich stand auf das, was die Beatles machten, und ich merkte mir das für später.«

Über das Radio hielt Dylan sich auf dem Laufenden. Wie alle damals.

»Amerika war in den Jahren, in denen ich aufgewachsen bin, über das Radio verbunden. Damals konnten die Discjockeys spielen, was sie spielen wollten. Radiostationen gab es überall. Sie erfassten riesige Gebiete und strahlten Tausende Kilometer aus. Denk an Jimi Hendrix – er wuchs in Seattle auf, aber er hat dasselbe empfangen. Das Radio verband jeden mit jedem wie Orpheus. Was Amerika verband, war das Radio. Ich kann dessen Bedeutung gar nicht genug betonen.«

Dylan hat sich nie von seinen so genannten Protestsongs distanziert. Er singt sie bis heute. Und bis heute schöpft er aus dem Fundus der amerikanischen Folk-Tradition. Seine Entdeckungen präsentiert er auf der Bühne und auf seinen Platten. Der Vorwurf des Verrats konnte ihn nicht treffen. Der formale Rahmen traditioneller Protestsongs mit ihrem Zwang zu eindeutigen Aussagen und unmissverständlichen Botschaften war ihm einfach zu eng. Er hatte mehr zu sagen.

»Aus Unterhaltungen mit Woody und Pete und anderen Leuten, die ich kenne, habe ich den Eindruck, dass damals noch alles gut und schlecht war, schwarz und weiß und leicht zu unterscheiden. Es gab die eine Seite oder die andere.«

Mit seinen neuen Songs, die verlockende Bilder von Freiheit und Glück transportierten, traf Dylan die Sehnsüchte und Visionen seiner zur Rebellion entschlossenen Generation. Davon ist auch sein Biograf Anthony Scaduto überzeugt: »Als er den Protestsong aufgab und sich einer neuen literarischen Form zuwandte, wurde Dylan noch viel politischer als zuvor; jedenfalls in der Stimmung, die er ansprach.«

Dylans Abkehr von der Folk-Szene steht auch für die Radikalisierung der Protestbewegung. Die Protestkultur zerfiel in einen traditionalistischen, an der Kultur der Arbeiterbewegung und deren Aktionsformen orientierten Flügel und einen antiautoritär hedonistischen, der nicht nur die politischen, sondern auch die privaten Verhältnisse zur Sprache brachte und dabei das Sexuelle ebenso wenig ausklammerte wie die

Erfahrungen im Umgang mit Drogen: *Everybody must get stoned.*

Dylans Art, Geschichten zu erzählen, seine Art, die Wirklichkeit zu brechen und zu verfremden, um sie dann wieder in surrealen Traumsequenzen und visionären Bildern zusammenzusetzen, löste einen Schock aus. Wer jung war in den 60er Jahren und wach, der lebte nicht einfach mit Musik. Er lebte in der Musik. Da geschahen plötzlich Dinge, die niemand für möglich gehalten hätte. Dylans Texte führten weg von den Trivialitäten gängiger Rocksongs hin zur Alltagserfahrung von Jugendlichen. Musik wurde zu einer Erlebniswelt, in der Liebe, Sehnsucht, Hass, Trennungsschmerz, Angst, Wut, Verzweiflung, Trauer, Paranoia und Einsamkeit – alle Stimmungslagen und alle Gefühlszustände ihren Platz hatten. Durch ihn fand die Rockmusik zur Selbständigkeit und bekam den Mut, Intelligenz zu beweisen. *There was music in the cafés at night / And revolution in the air.*

Mit dem treibenden Beat von HIGHWAY 61 REVISITED, fand Dylan Anschluss an den von den Beatles und den Rolling Stones vorgegebenen und am Blues der Schwarzen orientierten Sound, während – umgekehrt – die britischen Popbarden über Dylan das poetische Potential ihres Genres entdeckten: »Damals begann ich, düster und undeutlich zu schreiben à la Dylan.« Nicht nur John Lennon, auch andere Sänger und Sängerinnen, die in den 60er und 70er Jahren mit eigenen Liedern auftraten, betonen den Einfluss Dylans auf ihre eigene Arbeit.

Das »Phänomen Dylan«, diese exotische, eigenartige Figur, die plötzlich in der Öffentlichkeit auftauchte, erinnerte an Marlon Brando und James Dean, Jugendidole einer Zeit, in der die Indentifikationsfiguren noch aus dem Film kamen. Mit ihrem lässig antiautoritären Gestus, ihrer verächtlichen und herablassenden Art, ihrem »Ihrkönntmichmal«, nahmen sie eine Haltung vorweg, die in den 60er Jahren zur Antriebskraft der Jugendrebellion wurde. Dylan gab dieser Haltung eine Sprache. Innerhalb weniger Jahre wurde er von den Medien zum Sprachrohr seiner Generation gekürt und von seinen Fans zum Idol gemacht.

Kein Zweifel, er wollte immer nach oben in den Olymp eines Elvis Presley. Doch als er oben war, machte ihm der Starruhm Angst.

»Die Fans wollten, dass ich ihr Leben in die Hand nehme. Das ist eine riesige Verantwortung. Ich habe genug damit zu tun, mein eigenes Leben in die Hand zu nehmen. Ich will das nicht. Ist zu viel für meinen Kopf.«

Schon aus Gründen des Selbstschutzes war Dylan gezwungen, zu seinen Fans Abstand zu halten. Phil Ochs, ein Star der New Yorker Folk-Szene, der Dylans Aufstieg aus nächster Nähe verfolgte, zeigte sich entsetzt über die Emotionen, die Dylan nicht nur bei seinen Gegnern sondern auch bei seinen Fans auslöste: »Ich frage mich, was noch alles passieren wird. Ich weiß nicht, ob Dylan sich in einem Jahr überhaupt noch auf der Bühne zeigen kann. Ich bezweifle das. Ich meine, das Phänomen Dylan wird solche Dimensionen annehmen, dass es für ihn gefährlich sein wird. Es gibt so viele durchgeknallte Typen in Amerika, und der Tod ist mittlerweile zu einem festen Bestandteil des amerikanischen Alltags geworden.«

Die Ermordung der Kennedy Brüder, die Attentate auf Malcolm X und Martin Luther King machen die Ängste von Dylans Weggefährten nachvollziehbar. Jahre später wurden sie auf traurige Weise bestätigt, als ein durchgeknallter Fan das Leben John Lennons auslöschte.

Dylans Lust, sich mit einer Distanz schaffenden Aura des Geheimnisvollen zu umgeben, machte ihn nur noch mehr zum Objekt wilder Spekulationen und Nachforschungen. Er war der Junge, der mit Woody Guthrie gesprochen hatte, er war der Typ, der sich auf seinen Reisen von legendären Bluesmusikern in die Geheimnisse der schwarzen Musik einführen ließ. Niemand war dabei, niemand wusste, was wirklich gelaufen war. Ist Dylan tatsächlich wie ein Hobo in Viehwaggons übers Land gefahren? Man traute es ihm zu. Das genügte.

Mit spürbarem Vergnügen erfand er sich immer wieder neu, indem er die Spuren seines wirklichen Lebens, seiner realen Biografie, verwischte. Er scheute sich nicht, seine Eltern für tot zu erklären und sich zum Waisenknaben zu machen. Selbst wenn es ums Geschäftliche ging, gefiel er sich in der Rolle eines Lügenbarons. In Anthony Scadutos Dylan-Biografie schildert ein Mitarbeiter von Columbia Records Dylans Auftritt bei den Verhandlungen um seinen ersten Plattenvertrag: »Ich sagte ihm, ich wolle ihn für Columbia haben, und ich ließ einen Vertrag aufsetzen. Ich fragte: ›Wie alt bist du?‹, und er sagte, er sei zwanzig, und ich sagte: ›Ich brauche die Unterschrift deiner Eltern unter diesen Vertrag‹, und er sagte: ›Ich habe keine Eltern.‹ Ich fragte: ›Hast Du Verwandte?‹, und er sagte: ›Ja, ich habe einen Onkel, der ist Dealer in Las Vegas.‹« Solche Geschichten wollten die Fans hören. So redet man mit den Vertretern des Establishments, wenn man überhaupt mit ihnen redet.

Dylan steckte tief in der Psyche einer Menge Leute. Er war anders. »To be different« galt als Gütesiegel in jenen Jahren. Was Dylan zum Idol machte, war der Glamour der Intelligenz. Er verkörperte das Bedürfnis vieler Jugendlicher sich selbst zu erfinden und neu zu definieren, um sich zu unterscheiden von einer Elterngeneration, die moralisch versagt hatte. Ob Rock 'n' Roll-Exzess oder militanter Protest, ein erheblicher Teil der jungen Generation in den Industriegesellschaften des Westens war entschlossen, das Wertesystem der Elterngeneration zu überwinden. Diese Selbstfindung einer Generation, die sich nicht dumm machen ließ, wurde untermalt vom ekstatischen Beat der schwarzen Musik. *With the power of soul / everything is possible*, sang Jimi Hendrix, ein Dylan-Fan der ersten Stunde.

Dylan war zur Stelle, als ihn die Bürgerrechtsbewegung mit ihren Ansprüchen und Erwartungen konfrontierte. Mit seinen Protestsongs hat er das Repertoire des politischen Liedes um Songs erweitert, die an Bedeutung nicht verloren haben.

»Ich denke, die Idee, dass man etwas ändern kann, war damals wichtiger, als es tatsächlich zu tun. Man hatte des Gefühl, etwas passiert. Diese Idee ist heute verloren gegangen. Ideen sind sehr stark. Ideen können nicht gekillt werden.«

Dylan war auch zur Stelle, als eine rebellische Generation von Jugendlichen – seine Generation – versuchte, die Verhältnisse zum Tanzen zu bringen. Er brachte die Steine ins Rollen.

*Still on the road / hiding for another joint*, Dylan ist noch immer unterwegs. Er hat noch immer ein Publikum. Ihm ist gelungen, was anderen Sängern und Bands seiner Generation, wenn überhaupt, dann nur mit gigantischem Sponsoren-Aufwand gelang – auch unter den Jungen von heute gibt es viele, die ihn wahrnehmen, die seine Musik hören und zu seinen Konzerten kommen.

Eigentlich wollte Dylan immer nur eines: Musik machen. Das ist es, was ihn interessiert und was ihn immer interessiert hat. Wer ihn heute auf der Bühne erlebt, sieht einen Mann, der sich von allen ihn umrankenden Mythen und damit von allem befreit hat, was ihn daran hindern könnte, einfach auf die Bühne zu gehen und Musik zu machen.

# ¡Señor! Hören Sie

Was man zunächst mal sagen muss: Sie ist bei nüchternem Hören nicht schlechter als bei vollem Bewusstsein. Zum Arrangement kommen wir später; aber die Stimme ist besser als alles andere auf dieser Platte, die Texte und die Noten ausgenommen. Die Stimme ist wunderbar, sie ist fast alles. Noch nie wurden »background chicks« so sinnvoll und beholfen eingesetzt, wie hier hinter diesem Adler. Und was er krächzt, ich habe es Ihnen schon am Telefon gesagt, ist genau das, was wir hören wollen. Von daher praktisch ein neues komplettes »Best of greatest hits«-Album. Fast jede Zeile ist ein Zitat, im doppelten Sinne. Viele neu geschaffene Arbeitsplätze für Dylanologen, eine Platte, die einem ein klein wenig über den Lindenhügel hilft. Man denke nur an den wunderbaren Dialog *Where are you tonight? – Journey through the dark heat*, Schlüsselworte zwischen *Changing of ...* und *dark heat* sind: *mountain, wind, long distance train, drifting like a satellite, woman in rage, time, burned before, cold blooded moon, black nightingale, Eden (is burning!), peace will come, travel alone, down to the bottom with a bad man, babe, painted wagon, weekend in hell, I feel displaced, a downhill dance, partners in crime*, ein Hauch nur von *Yankee power, and a marching band*, aber: *there's a wicked wind still blowing (on that upper deck)*, und viel *hidin' pain* und *leaving tomorrow*.

Melancholischer Optimismus. Er hat wohl ein bisschen im dictionary und im Dylan-Song-Book geblättert, aber prima.

Zu den Hauptpersonen der Geschichte zählen: *good shepherds, merchants and thieves, the captain, a beloved maid, a messenger, renegade priests and treacherous young witches, the warlords of sorrow and queens of tomorrow, a gypsy with a broken flag, Miss X, a full blooded Cherokee, Marcel and St. John, desperate men, desperate women (-divided-)* und ähnliche Vögel. Allerdings ist kein *George Jackson* oder *Hattie Caroll* mehr dabei, aber die *times, they are* bekanntlich *a-changing*.

Alle werden durch diese Stimme unheimlich lebendig. Je nun, der Sound *ist* sehr modern, so what? Immerhin hat Elvis jetzt seine Nachfolge geregelt. Und wir wissen auch, warum Bob damals bei L. Cohen war – um sich bei Phil Spector etwas umzuhören und anzuregen. Ich find' das so schlimm nicht. Genau das, was mich im Gegensatz zu einigen anderen an Leonhards Monster-Platte schon nicht gestört hat, stört mich bei dieser nämlich auch nicht, just another side of ... ich seh' das ein. Der Sound ist ein Nebenwiderspruch.

Wir von der open-ear-gang haben uns doch nie auf (das Gerede über) die Arrangements eingelassen. Die Musik stimmt bei Zimmermann/Weintraub/Youdelman/Bernstein/Feldmann und Sandweiss allemal angesichts dessen, was uns Mick, Ringo und die anderen Persönlichkeiten des öffentlichen Sterbens vorzusetzen wagen. SELFPORTRAIT also insofern, als es Sie oder mich betrifft, jawohl. (BLOOD ON THE TRACKS ...) Und das haben wir von Bob schon immer gekriegt. Weil persönliche Bekenntnisse wie hier eben für viele gelten.

Mit einem Wort für Sie als oberdialektischen Schwerpacker: Man kann sich schon auf die Nächste freuen.

Na dann: Frohe Weihnachten! (Es handelt sich einwandfrei um subterranean-homesick-jinglebells, das Alte im Neuen, wie John Wesley Hegel sagen würde.)

Sodann, Señor!

*Street Legal, 1978*

*Eine Woche lang lief im Hamburger ABATON Kino Bob Dylans Film »Renaldo und Clara«. Die Vorstellungen waren Abend für Abend ausverkauft. Anschließend wurde eine angeblich von Bob Dylan autorisierte Kurzversion des Films ins Programm genommen. Besucher, die beide Versionen gesehen haben, sind sich darin einig, dass die Kurzfassung mit dem ursprünglichen Werk nichts mehr zu tun hat. Unser Meysenbug Bild zeigt den Dylan Experten Uwe H. aus Hamburg Winterlude und Konkret Autor Günter A. vor dem ABATON Kino.*

# Kawasaki!

Ein paar Worte sollte man nun doch zu Dylans Japan-Album sagen, auch wenn es über Vertriebsumwege nach Europa gekommen und eigentlich gar nicht für unsere Schlitzohren bestimmt ist.

Die allgemeine Begeisterung über das BUDOKAN-Album erstaunt mich.

Sollte es den Lobpreisern entgangen sein, dass es sich hier just um dieselben Lieder in fast der gleichen Aufmachung handelt, die Dylan mit derselben Big Band auch auf seiner Europa-Tournee vorführte? Damals war die Kritik zurückhaltend bis gehässig.

Neulich nun sprach einer im NDR gar vom »Genie Dylan«, als er die Reggae-Version von DON'T THINK TWICE auflegte. It's alright, nur wegen dieser Nummer wurde Bob in Berlin angegriffen und von den writers and critics auseinandergenommen. Er konnte damals nur verwundert sein Publikum fragen: *Don't you hear – that foreign sound in your ear?* Und man sieht, für die andern gilt noch immer das *Don't speak too soon* .... Yeah nun, rettet den NDR!

Allerdings, ein wichtiger Unterschied wurmt das Ohr: Bei diesem Album, »Dylan in Hondaland«, ist die Abmischung des Sounds verändert: das Saxofon von Steve Douglas steht ungeheuer im Vordergrund und beherrscht vor dem dicken Teppich des Mädchentrios den Klang. Und der wird einfach zu fett, zu behäbig und zu breiartig. Nicht so sehr, wenn man einzelne Songs im Radio hört, erst beim Hören des ganzen

Albums fällt die Ladung Pomade ins Gewicht. Ballad of a thick man, eine Abmagerungskur tut Not.

Und was ist aus Dylans zweiter Stimme, seinem Mundharmonika-Spiel geworden? Nichts als nur ein weiteres Instrument, ein flauer Teil des Arrangements. Was vorher stets in die Knie ging, schlägt hier auf den Magen, fehlt nur noch der große kaiserliche Gong zum KNOCKING ON HEAVEN'S DOOR.

Ein Album für Leute, die ihre neue Hitachi-Stereoanlage ausprobieren und ihren Nachbarn imponieren wollen.

Einige Lieder klingen in der Tat sehr nach Selbstzerstörung, wie jenes Album, das diesen Titel hätte tragen sollen, dann aber als SELFPORTRAIT erschien. BLOWIN IN THE WIND bringt er, als wolle er das Lied einfürallemal kaputtsingen. Wen verarscht er da? Sich? Das Lied? Uns? The answer? Und OH SISTER kommt dahergedröhnt wie eine Suzuki 750. Absolutes Harakiri.

Die Horrorvision von »Dr. Dylan in Las Vegas« drängt sich auf.

Ja, und dann hat er in diesem Polizeiland, dem Wächter Asien noch nicht einmal MASTERS OF WAR drauf, und auch nicht HARD RAIN. Hiroshima, I'm only bleeding.

Hoffentlich vergisst er das nächste Mal, wenn er ins konservative England kommt, nicht I AIN'T GONNA WORK ON MAGGIE'S FARM NO MORE zu singen.

Ein Trost nur, dass er sich wenigstens bei der Zeile *I offered up my innocence* ein bisschen versingt.

Dass Bob von »Emma« in die Galerie bedeutender Sexisten aufgenommen worden ist, dürfte Ihnen bekannt sein. Frauen klagen bewegt über eine Zeile aus IS YOUR LOVE IN VAIN. Sie wissen, welche ich meine?

*Can you cook and sew, make flowers grow, do you understand my pain?*

Also erstens: Was spricht dagegen, dass einer kochen und nähen und Blumen wachsen lassen kann? Und zweitens: Warum fühlen sich diese Frauen immer gleich angesprochen? Könnte es nicht sein, dass Bob einen Typen fragt: »Can you cook and sew, make flowers grow?« Verstehen Sie mein Problem? Natürlich sind auch auf diesem Album einzelne wunderschöne Versionen dabei, aber das ist selbstverständlich. Es geht hier ums Ganze, das das Unwahre ist.

Yamaha, auch an Ihr Sony.

*Bob Dylan at Budokan, 1979*

# Lord Extra

Dylan sei religiös geworden, konnte man schon vor Monaten lesen. Er sei zum Katholizismus übergetreten, war von USA-Reisenden zu hören. Und es gibt Leute, die wollen ihn in der Messe gesehen haben. Wer Augen und Ohren mehr traut als Gerüchten, wusste bereits, dass der Zug abgefahren war, wenn er die Kurzfassung von Dylans ursprünglich vierstündigem Masterpiece RENALDO AND CLARA über sich hatte ergehen lassen. Was Dylan aus dem Film rausnahm, und was er drinnen ließ, war Verdeutung genug. Sie werden einwenden, Dylan sei schon immer religiös gewesen, so religiös jedenfalls, dass ein Gott in seinem Weltsystem existierte. Aber doch eher einer im Sinne von Brechts Galilei: »In uns oder nirgends!« Ein Gott, der sagt: »Next time you see me coming, you better run.«

Der Gott, mit dem es Dylan jetzt zu tun hat, ist der dreieinige Gott der Christen und kein anderer neben ihm. *You were telling him about Buddha / you were telling him about Mohammed in one breath / you never mentioned one time the Man who came and died a criminal's death.*

Das alles kommt sehr eindeutig im *slow train ... up around the bend*. Eine Message hat er auch geladen: *You are gonna have to serve somebody.* Faustdicke, unverblümte Befehlsform. *Got to do unto others like you have them do unto you.* Keine Fragen mehr, kein *How does it feel? Where have you been? Which side are you on?* Doch das ist nur konsequent. Bob über Dylan: *You never ask questions with God on your side.* Right?

Bobby als Wanderprediger, der *uns* in die Wüste schicken will. Darauf müssen Sie sich gefasst machen. *Jesus said be ready / You know not the hour which I come.* Na und? *Who's not for me is against me.*

Da gibts nichts zu deuten. Mit heiligem Bimbam kommt der Gospeltrain angenölt wie eine klappernde Geisterbahn. Und Sie können nur sagen: *Don't say I never warned you when your train gets lost.*

Nun weiß ich, dass Sie bereit sind, Bob auf allen Straßen und dunklen Wegen zu folgen. Aber bitte, freewheelin'! Lieber fifteen jugglers als five believers.

Für Dylan gibt es keinen Ausweg, bis *He returns.* Geben Sie alle *earthly principles* auf, und ändern Sie Ihren *way of thinking.* Vielleicht haben Sie und ich, wir alle dann eine Chance: *There'll be no peace, and the war won't cease, until He returns.*

Egal ob Sie in einem Frisörladen arbeiten, ob Sie nun gerade der Boss von einem großen TV-Network sind oder nur construction worker, auf dem Fußboden oder im Kingsize-Bett zu schlafen geruhen, ob Sie Kaviar fressen oder sich mit Brot begnügen müssen: *You are gonna have to serve somebody.*

Sie werden wie ich nach einem Ausweg gesucht haben, nach Zweideutigem, um das Eindeutige zu neutralisieren. Keine Chance!

*There is a kingdom called heaven,* ratazong ratazong *and there ain't no neutral ground.* J. S. Bachs Matthäus-Passion lässt einem mehr Spielraum als Dylans Texte. »Süßer Jesus, leg deine Beine zwischen meine.« So oder so ähnlich. Es rettet uns kein Gott, kein höh'res Wesen. Dylan meint es ernst. Er rührt im Topf christlicher Grunzwerte. Der alte Quark quillt uns momentan aus allen Löchern entgegen. Die Retter des Abendlands haben Hochkonjunktur in der Krise. Mit Versprechungen und Drohungen betäuben sie unsere psychische

Depression im Gefolge der ökonomischen: *For all those who have eyes / and all those who have ears / it is only He / who can reduce me to tears.* Ach ja: *Truth is an arrow / and the gate is narrow / Let us pass through.* Durch dieses Nadelöhr soll kriechen, wer will.

Erinnern Sie sich an die beiden Predigertypen auf dem Dach des Volkswagen-Busses in RENALDO AND CLARA? Mit denen will Bob natürlich nichts zu tun haben. Sie sind wohl die *false healers / men stealers, talking in the name of religion.*

Für derartige Differenzierungen mögen sich die verschiedenen Zweigfirmen des Jesus-Konzerns interessieren. Für uns ist es idiot wind um nichts! Und ob *er* nun (ich meine den anderen, nicht ihn) zurückkommt oder nicht, interessiert Sie so wenig wie mich. They never come back.

Heavy stuff, den Bob im Gepäckwagen seines *slow train* verstaut hat. *Socialism-hypnotism* konnte man noch als kleine Keckheit hinnehmen. Damals bewegt sich Bob noch auf legalen Straßen. In WHEN YOU GONNA WAKE UP, dem schrecklichsten Song auf der neuen Platte, wirds offen reaktionär. Falsche Philosophien haben uns allen angeblich den Kopf verdreckt und *Karl Marx has got you by the throat / Henry Kissinger has got you tied up into knots.* Und das in *one* breath von einem, der auszog, Spuren im *jingle-jangle morning* zu finden: *Farewell Angelina / thy sky is in fire / and I must go.*

Es liegt nahe, diese Platte in größere Zusammenhänge zu stellen als Ausdruck von und typisch für. Man kann sich aber auch ganz schlicht fragen: *How can the life of such a man be in the palm of some fool's hand?*

Dylan muss verzweifelt sein, und das spricht für ihn. Solche Lieder sind *seine* Reaktion auf Kaputtheit und Zerfall, auf die Sinnlosigkeit des amerikanischen Alptraums und die Brutalität des kapitalistischen Realismus. »God is a concept by which we measure our pain, yeah, I say it again.« John Lennon hat das gesagt. All dieses Elend: *Sons becoming husbands to their mothers, old men turning young girls into whores, gangsters in power, and lawbreakers making rules.* Unschuldige im Knast und die Irrenhäuser überfüllt. *You got unrighteous doctors dealing drugs that'll never kill your ills.* Die Reichen *seduce the poor,* die Alten *are seduced by the young* und *blood & water* fließen sowieso durchs Land. Keiner hälts mehr mit der *golden rule. Man's ego is inflated his laws are outdated / they don't apply no more.*

Aber woher kommt das? Leute verhungern und verdursten, während gleichzeitig die Scheunen bersten – wieso eigentlich? *I don't care about economy / I don't care about astronomy.* Aha. In *one* breath.

Mit all dem will Bob nichts zu tun haben und geht *on the way out of Egypt / to E-thi-o-pi-a.* Kein schlechter Weg aus Sadats imperialistischem Satelliten in ein befreites Land, wenn einen dort nicht *the judgement hall of Christ* erwarten würde. Herr, dunkel ist der Rede Sinn, drum hör'n wir gar nicht weiter hin. Erlöse uns von diesen öden Liedern und gib uns unser täglich Bobby. Der ist nun mal der größte songwriter seit Schubert und der größte Sänger seit Caruso. It is the singer, not the song. Der Sänger ist verzweifelt, und wahrlich ich sage Ihnen: Er hat allen Grund, jeder redet von *brotherly love* und kaum einer lebt danach. Weder halten die Männer die Klappe noch die Frauen den Frieden. *Desperate men, desperate women,* würde Bob Dylan sagen.

Desperate Bobby *(you may call me Bobby, you may call me Zimmi)*: Diese menschliche Stimme, wenn er I BELIEVE IN YOU singt. *They, they look at me and frown / They'd like to drive me from this town / they don't want me around. / They show me to the door / they say don't come back no more / as I don't be like they'd like me to. / And I don't feel alone ...* Wunderschön, nicht wahr? Das sind die Empfindungen von einem, den sie rausgeschmissen haben, ausgesperrt und außer Landes gejagt. Und dann kommt das beknackte *'cause I believe in you.* Der

Song wird zur tauben Nuss und Bobbys Gesang zum Lamento. Dylan weiß von der Wut und Enttäuschung seiner Hörer und Freunde. Er nimmt sie vorweg: *Oh, though my friends forsake me / even that couldn't make me go back. / And I, I don't mind the pain, / don't mind the driving rain / I know I will sustain.* Dylan rechnet mit Wut und Enttäuschung, weil er Wut und Enttäuschung provozieren will. *My so-called friends / have fallen under a spell / they look me squarely in the eye / and say »Well, all is well«.*

Nothing is well! Jesus ist langweilig, Dire Straits sind langweilig, die Platte ist langweilig. Wenn Bob aber das Kinderlied MAN GAVE NAMES TO ALL THE ANIMALS singt und I BELIEVE IN YOU kommt die Gewissheit, dass er nur versehentlich den falschen Bahnsteig mit dem Gospel-Train erwischt hat. Und ich bin sicher, Sie werden in dieser Stunde härtester Prüfung nicht abtrünnig. Die Strecke wird bald stillgelegt. Haben Sie etwas Geduld. Bobby bleibt unser Hobby.

Ein Herr sei mit Ihnen.

*Slow Train Coming, 1979*

# There Is No Hope with that Pope

Hey Sie, na endlich! Die *neueste* Dylan-Platte ist raus, und sie macht, Gott sei Dank, Dampf. Dylan ist wieder runter vom SLOW TRAIN, der aufs Abstellgleis keucht, und wieder da, wo er hingehört: *on the road again, back in the rain*. Es wurde auch höchste Eisenbahn. »Denn wir haben hier keine bleibende Stadt, sondern die zukünftige suchen wir« (Hebräer 13,14). Vorüber ist der Flirt mit Jesus. *(Our conversation was short and sweet / it nearly swept me / off of my feet / Now I'm back in the rain ...)*

Eine kurze Erinnerung nur an den Kreuz-Zug: *Believe me, God is everywhere / in the middle of the air / even in a polar bear / God is in a peppersteak / God is in a butter-cake / he is in me, he is in you / rambling down Highway 62* (aus: THE CHANGING OF THE GODS).

Wie schön, dass Dylan wieder zu seinem eigenen Prinzip zurückgekehrt ist, *keine* Message zu verkaufen und sich diesbezüglichen Erwartungen zu verweigern. *(It has never been my duty to remake the world at large / nor is it my intention to sound the battle charge ...)* Der bin ich nicht, ich bin ich, und »God is just a three-letter-word«.

Bob Dylan steht wieder auf eigenen Füßen. *»No« is the answer / to a problem I forgot / »Why?« is a question / just like »why not?« / Don't you confuse me / 'cause I know better / that zero is a number / and O is a letter* (aus: THE CHANGING OF THE GODS).

Das reicht uns als Message, nicht wahr? Bob Dylan minus Zero. Wer Dylans Biografie nicht kennt und nur das letzte

»Time is a jet plane/ it ends at the shore«

Album – das letzte in der Tat – in Erinnerung hat (SLOW TRAIN COMING) wird sich über Bobs Kehrtwendung aus dem Stand wundern.

Er hat sich vom Altar des Herrn ab- und Irdischem zugewandt. Wieder zugewandt. *Let the man on the cross / not be your boss / There is no hope / with that Pope.* Mit einem Wort: *No sound ever comes from the Gates of Eden.* Das trübe Kapitel der religiösen Verirrungen können wir, dem Herrn sei Dank, getrost vergessen. Jesus-Faktor: negativ.

Das neue Album hätte schlicht REVISITED heißen können. Es heißt RAVED – Bob wird sich etwas dabei gedacht haben. Die Platte ist geeignet, eine Brücke zu schlagen zwischen den alten Dylan-Freaks und neuen Fans im Knabenalter. Aufgabe der Dylan-Forschung ist es, den Transfer zu leisten und zur Entschlüsselung mit beizutragen. Denn vieles ist verschlüsselt – wie immer. Und wie immer liegt der Schlüssel in Dylans Gesamtwerk selbst.

Um keine falschen Erwartungen zu wecken: Folk-Puristen werden von der neuesten Platte enttäuscht sein. Dylan kramt in keiner Nummer die akustische Gitarre hervor, wenn auch in vielen Stücken der Folk-Einfluss nicht zu überhören ist. Es dominiert jedoch ein klarer, solider Rock 'n' Roll ohne allzu viel technischen Firlefanz. Und um gleich am Anfang vom musikalischen Höhepunkt zu sprechen: Machen Sie sich auf einen Überfall gefasst, wenn Sie den HIGH TIME BLUES hören. Dylan spielt hier ein Mundharmonikasolo, das Sie flachlegen wird. Völlig unvermittelt nach der Zeile *Time is a jet plane / it ends at the shore* bricht es aus. Viereinhalb Minuten lang in immer neuen Variationen bohrt er sich in Ihre Ohren. Das verstehe ich unter »New Wave«.

Die Platte ist politisch und direkt, ohne direkt politisch zu sein. Dylan scheint zu spüren, dass man dem neuen Irrationalismus, der sich in den USA mit kriegstreiberischem Nationalismus gepaart hat, nur mit klaren politischen Aussagen entgegentreten kann. Sein Lied AFGHANISTAN lässt keine Unklarheiten darüber, auf welcher Seite er steht. *There is no neutral ground.* Fast wütend (RAVED), von Arabian drums angetrieben und einer schneidend scharfen Gitarre unterstützt, sagt er, was dort Sache ist.

*There was a provocation / and without hesitation / I knew what had to be done / to clear the situation / down in Afghanistan.*

Ein weiterer, wichtiger Schritt auf Dylans Weg um die Welt von Mosambik über Ägypten durch Äthiopien hindurch nach Afghanistan.

*I want to dance in Afghanistan / give them a chance in Afghanistan.*

Es ist offensichtlich, dass Bob sich in seinem eigenen homeland, in dem schreckliche Dinge passieren, Angst und Elend zunehmen, weniger wohl fühlt denn je. Die USA kommen den Schreckensvisionen seiner frühen Lieder immer näher. Da geht Bobby ein bisschen weg.

*I go away / let's walk together / The stars turn grey / The sky's like leather* (aus: INDIAN CHIEF). Und über die Verlogenheit und Heuchelei der bigotten Menschenrechtler. *Don't wanna go to a church / that keeps up the ghost of John Birch / don't wanna pray to a Lord / who blesses the gun and the sword* (aus: MISPLACED INSIDE A CHURCH).

Spielen Sie einfach mal die Platte, und Sie feiern ein Wiederhören. Viele gute Bekannte treten auf. Man braucht die Platte nur anzuspielen, um die zahlreichen Anspielungen herauszuhören. Absolutely Sweet Mary hat bei Dr. Filth abtreiben lassen, Louie the King sitzt im Knast wegen Drogenhandels, Queen Jane, Ramona und Lily haben endlich ihren Führerschein gemacht, Maggie's Farm wurde von einem Tornado verwüstet und ist abgebrannt (was immer das bedeuten mag), auch William Zanziger hat Selbstmord begangen und 320 000 Dollar Schulden hinterlassen: nicht nur die Zeiten ändern sich, auch die Menschen, and the carpet, too, is moving under you. Bob Dylan erzählt aus ihrem Leben, wieder mal, immer noch. Wo andere vom Schicksal reden, da nennt er Namen. Gute Bekannte, the ghosts of our people. *Life is just a cookie / or like a dry biscuit / yesterday you found it / tomorrow you'll risk it / and I know that for some / it's just like a-chewing gum* (aus: OBVIOUSLY JUST LIKE THE 184TH TIME ALL OVER YOU BABY BLUES).

Die Typen auf Dylans Platte sind da, wo sie hingehören. Deshalb könnte man seine Songs hier auch als Heimatlieder bezeichnen. Neben den politischen Liedern – die man früher einmal Protestsongs nannte – hat Bob neue Songs über das scheinbar Private geschrieben: Liebe *(at first she puts her knee on me / she loves me with a theory),* Freundschaft *(I is such a lonely letter / You is such an empty space),* Trauer und Angst vor Verlust, Kinder und Kühe sind seine Themen. Wahrhaft tierisch ist das Lied COWS AND BOYS. Baudelaire hat ihn zu diesem Lied inspiriert. Während dieser sich vom verschleierten Blick eines Knaben faszinieren lässt, ist Bob vom kuhäugigen

Blick eines Mondkalbs gefesselt. Er scherzt: *In the mingle-mangle morning / I come, falling on you.* Die Selbstironie geht noch weiter: *I have dined with queens / I've been offered teens / But I've never been too perplexed* (aus: COWS AND BOYS).

Selbst Sie werden allerdings den Refrain etwas albern finden: *Hey, hey, hey / may you stay / forever gay.*

Nun ja. If you see him say »Hallo!«

*Raved, 1980*

## Grüße aus Bad Segeberg
Bobby will be back: in the rain

Hallihallo, aus dem nasskalten Kur- und Festspielort Bad Segeberg sende ich Ihnen sonnige Urlaubsgrüße. Bob Dylan, unser Schatz, war hier am Silbersee. Die Zwei-Tage-Kur ist mir gut bekommen und hat spürbar angeschlagen. Ich atme freier nach all den Beschwerden und Beklemmungen: frische Luft und Open Air.

Mächtig schmächtig, unübersehbar älter mit tiefen Falten im weißen Gesicht steht Bobby unterm Kalkfelsen und singt: *Well I'm hangin' on to a solid rock*. Also doch, werden Sie sagen, unüberhörbar die schwere Fracht vom lahmen Zug, jenem *slow train*, auf den wir nie abfahren konnten.

Wohl besteht die Hälfte des Programms noch immer aus religiösen Liedern und noch lässt Bobby das Mädchenquartett als Pausenfüller gospeln, doch, gottlob, er hat, das ist entscheidend, auch die sogenannten alten Songs wieder drauf. Und wie er sie drauf hat. Nicht glatt gestriegelt, sondern neu gegen den Strich gebürstet, die Rhythmen verändert, Melodieteile verrückt, näher an Ella als an Mahalia. Dabei eine Band, die egal which way the wind blows, alle Drehungen und Wendungen mitmacht und absichert. Heavy stuff on heavy metal, von den religiösen Texten kommt kaum noch was über die Bühne: BLOWING IN THE WIND.

Anders als auf den letzten beiden Venyl-Oblaten kommen Songs wie SAVED oder WHEN YOU GONNA WAKE UP? ausgesprochen schwungvoll an und manchem wohl schon wie Dylan-Klassiker vor. I BELIEVE IN YOU lässt er unglaublich glaubhaft rocken.

Auch der Sommerhit der Surfer-Bewegung GOTTA SURF SOMEBODY kann den Wind im Rücken gut vertragen. In der

Neo-Neuauflage erweisen die alten Lieder sich wieder mal als unverwüstlich hits- und frostbeständig. Er kann sie nicht zersingen, sie sind nicht aus Glas. So wie er sie heute singt, und morgen schon nicht mehr, sind sie begeisternder denn je. Nehmen Sie BALLAD OF A THIN MAN, freihändig ohne Gitarre mit Sonnenbrille pantomimisch aufgeführt, nehmen Sie GIRL FROM THE NORTH COUNTRY oder, wie der Titel schon sagt, FOREVER YOUNG. Bei TAMBOURINE MAN erinnerte ich mich an eine Ihrer treffenden Formulierungen: »Die menschlichste aller Stimmen, der unstimmigste aller Menschen.« Schließlich das Spiel seiner Dämonika, ein weiterer Höhepunkt. Und nehmen Sie das alles als Protestgesang gegen ein mitschunkelndes Publikum, das in Erinnerungen sich zurückwiegen will.

Auch ein paar Lieder seiner neuen Platte hat Bob gesungen. Die soll heißen SHOT OF LOVE oder LOT OF SHOVE oder POT OF PUFF oder HOT AUF RAF oder GOTT IST SCHLAFF oder BOB IST BAFF oder wie auch immer oder noch schlimmer oder auch besser, »ein Mann wie ein Messer«, sagt Brecht über Dylan. Jedenfalls »for me it's the most explosive album I've ever done«, sagt Bob, wieder mal.

So klang sie, explosive, die neue Single HEART OF MINE und dazu – das muss man gesehen haben – Bob Dylan am Keyboard. Auch der Song, dessen Refrain *in the summertime* endet *(I have the heart, you have the blood)*, sollte Sie gespannt machen auf die neue Platte. Als Bob die Bühne verließ, sagte er: »I hope we played something you came to hear. What we leave out, we leave out.« So wird's wohl auch in Zukunft weitergehen: allmählich wird sich das Alte mit dem Neuen vermischen zu einem angeblich neuen Dylan, und mancher wird Unterschiede nicht mehr hören. Das Religiöse wird bleiben im Gesamtwerk, unüberhörbar seinen Platz einnehmen – wenn es denn der Wahrheitsfindung dient. Die Zeit der hysterischen Ausschließlichkeit und fundamentalistischen Agitation dürfte vorbei sein. Noch ist, da will ich Ihnen nichts vormachen, eine geballte Ladung von dem drin, was »der Seufzer der bedrängten Kreatur, das Gemüt einer herzlosen Welt, ... der Geist geistloser Zustände ist«, wie schon Karl May sagte. »Und zwar ist die Religion das Selbstbewusstsein und das Selbstgefühl des Menschen, der sich entweder noch nicht erworben oder schon wieder verloren hat.«

Zugegeben, es ist ein Kompromiss, oft hart an der Grenze des Gewalttätigen, ein Programm nach dem Gesetz von säkularem Zuckerbrot und christlicher Knute. Doch das ist die Message: für Dylan gibt es kein »No Future«, sondern schon wieder eine Gegenwart und immer noch eine Vergangenheit. Bobby will be back: in the rain, in the wind, in the summertime, in the garden, in the North Country, in plain D, in the jingle-jangle morning oder sonstwo, *when he returns.* Schöne Aussichten, nicht wahr? *It's gonna rain,* singen die Gospelmiezen, *don't you know the rainbow sign / it won't be water but fire next time.*

Sie sehen, die Kur ist mir gut bekommen und hat in mir was angeschlagen. *Rockin' on heaven's floor, like so many times before*, das ist der Geist des Programms. Heaven's floor, das ist der Boden, auf dem wir uns treffen können, und dabei stehen wir auf solidem Rock.

## Bob's Hope Show

SHOT OF LOVE: Die Platte verspricht erneut, was die Konzerte bereits gehalten haben. Es ist die Platte, von der man sagen wird, sie markierte Dylans Wendepunkt, die langsame Abkehr von allzu rascher Bekehrung.

Dylan beginnt sich aus der Erstarrung seines religiösen Standpunkts zu lösen und seinen auf Null minus Zero zusammengeschrumpften Horizont wieder zu weiten. Aber machen Sie sich keine Illusionen. Vier der neuen Songs fügen sich in Text wie Musik noch nahtlos ins Konzept von SAVED. Kleinkalibrig hingegospelte Salven, sinnlos in die Luft geballerte Platzpatronen. TROUBLE gehört dazu, DEAD MAN, DEAD MAN, auch WATERED-DOWN LOVE und der Titelsong SHOT OF LOVE.

Ist man nach dem ersten Hören vielleicht noch vom Sound beeindruckt und motiviert, die Texte zu entziffern, muss man bald feststellen, dass es der Mühe nicht wert war. Voll religiösen Feuers sind die meisten Nummern schnell ausgebrannt und zurück bleibt die graue Asche des Textes. Gab es nicht schon einmal einen *grandpa,* der ein Feuer auf der *mainstreet* entfachte *and shot it full of holes?* Aber beruhigen Sie sich. Die Kritik an diesem Teil seiner neuen Platte hat Bob selbst schon erledigt. *I've been shooting in the dark too long / when something's not right it's wrong.*

Doch das genau dürften die Songs sein, auf die Kritiker der Stiftung Warentest fliegen werden.

WATERED-DOWN LOVE ist nach allem, was man bisher zu

hören bekam, der Wurm in ihren Ohren, der neue Sound, den sie suchen. Von Mal zu Mal, von Platte zu Platte machen sie sich auf die Suche nach Neuem, desinteressiert an Entwicklungen, unfähig, Dylans Gesamtwerk zu begreifen. Im übrigen hat Bob ja Recht, wenn er uns in diesem Lied vorwirft *you don't want a love that's pure,* denn: *that kind of love doesn't exist, for sure.* Bobby ist unser Zeuge.

*Dead man, dead man, when will you arise* (Was soll das eigentlich?). Ein Song aus den Restbeständen der beiden vorangegangenen Produktionen. Frage: Who can stand it? Antwort: *I can't stand it. It's making me feel so sad,* sagt Bobby, wenn er wohl auch nicht sein eigenes Gejohle meint.

TROUBLE: Für ein Ohrenzucken stellen sich Erstaunen ein und Erinnerungen: feeling good was easy, Lord, when Bobby sang the blues. Doch dann beginnt man zu verstehen, dass dieses Lied Bobs Antwort auf den Zustand der Welt sein soll, *trouble nothing but trouble*. Und, oh Schreck, *the revolution will provide no solution for trouble*. Da sind sie wieder, die falschen Zungenschläge aus SLOW TRAIN COMING, da wird aus dem bekehrten Christen wieder der fanatische Sektenprediger.

Im übrigen ist hier wie auf anderen Songs der Platte das Gereime oft ziemlich banal. Der Gegensatz von *water* ist *air,* aber ist *city* auch der Gegensatz von *farm,* oder braucht er die nur, weil er einen Reim auf *charm* benötigt? Und braucht er den *shot of turpentine* im Titelsong SHOT OF LOVE nur deshalb (nicht), weil er einen Reim zu seinem *shot of heroine* sucht? Oder ist das der Schuss Ironie, der die nächstliegende Droge Kokain vergessen machen soll? Doch das interessiert nur den Drogenfachmann.

Unser Vorschlag an CBS wäre, zukünftig solche himmelschreienden Songs auf eine Seite zu pressen – with God on the A-side. Uns bliebe dann another side of Bob Dylan, uns bliebe auch erspart, jedes Mal aufzuspringen und den Tonarm über die religiösen Klippen zu heben. Imagine no religion ... Ich denke oft daran. You may say I'm a dreamer, but I'm not the only one.

Sprechen wir also von den Liedern, die langsam einsinken, nicht abprallen beim ersten Hören, die sich eingraben und wieder den Reichtum einer an Menschen interessierten Phantasie entfalten und die Armseligkeit religiöser Phantastereien hinter sich lassen. Das Ergebnis sind fünf musikalisch spannungsvolle Lieder – einige von ihnen elegisch und melancholisch –, die mehr enthalten als hastig hingehechelte Bekenntnisse.

Eins davon ist HEART OF MINE. Ein merkwürdig brüchiges, chaotisches Lied, hergestellt with a little help from his friends Ringo Starr und Ron Wood, wie die Plattenfirma zu erwähnen nicht vergisst. Bobby mit Stimme und am Klavier, zweite Stimme Clydie King.

Dylans neue Theorie der Eigentumsverhältnisse PROPERTY OF JESUS dokumentiert den Wandel seiner Haltung, wenn auch der Titel des Stücks zunächst schockieren mag. Er erzählt die Geschichte von einem, der sich zum Eigentum des Herrn erklärt hat, nun keine Witze mehr macht und keine Märchen mehr erzählt, dem *the things that you can't live without,* nichts mehr bedeuten. *Lach nur hinter seinem Rücken / wie es alle andern machen / you got something better / you got a heart of stone.*

Als Bobby noch SAVED war, hätte er gesungen »*I* am a property of Jesus«; daraus wurde *he,* einer, der er selbst sein kann, aber nicht sein muss. Das ist nicht Distanzierung vom Religiösen, aber Distanz zur eigenen Person, die es uns wieder ermöglicht zuzuhören, denn Geschichten, die das Leben schrieb, hören wir immer gern; besonders wenn Dylan sie schrieb. Diese Entkrampfung gibt der Musik einen unerhörten Drive, macht den Song zu einem der schönsten auf der Platte.

LENNY BRUCE, das Lied vom Tod eines Clowns, klingt wie die zweite Stimme eines unveröffentlichten Songs: dark and slow, a special voice show. Er habe das Lied in fünf Minuten geschrieben, sagt Dylan in einem Interview.

Und dann erstmals die Mundharmonika in THE SUMMERTIME. Auch dieser Song eine Kehrtwendung, wenn auch nur auf dem Absatz. Dylan singt nicht mehr mit dem Rücken zum Publikum, scheinbar desinteressiert an dem, was hinter seinem Rücken vorgeht. Er spricht zu einer Frau. *I was in your presence for an hour or so,* und erzählt uns, wie es damals gekommen ist, *I got the heart you got the blood,* als es ihm kam, als er kam. *Then came the warning that was before the flood / that set everybody free.*

Wenn aber eine der ältesten Thesen der neueren Dylan-Forschung stimmt, wonach das letzte Lied einer Platte auf die kommende hinweist, dann sei jeder Kleinmut beendet und jede Hoffnung berechtigt.

EVERY GRAIN OF SAND, ein Gesang an uralte Dylansongs erinnernd: *chimes of freedom in every grain of sand.* Wie hieß es da copyrightaway 1964: *Tolling for the rebel, tolling for the rake.* Hier heißt es, *tolling in the danger and in the morals of despair.* Ha, ha, said the clown, endlich wieder Worte – ein Schuss ins Herz – oder *you got a heart of stone.*

*In the fury of the moment / I can see the Master's hand / In every leaf that trembles / In every grain of sand.* Wenn eine religiöse Stimmung – und was kann Religion anderes sein als eine Stimmung – so ausgedrückt wird, dann bitte sehr, wer würde Widerworte wagen wollen? Bobby ist wieder auf der Reise – *then onward in my journey* – und auf dem Weg zu sich: *I hear the ancient footsteps / like the motion of the sea / sometimes I turn there's someone there / othertimes it's only me.*

Und er beginnt sich bereits zu fragen, wo bin ich: *I am hanging in the balance / of the reality of man / like every sparrow falling / like every grain of sand.* Doch wie kann einer, frage ich Sie, der SAVED ist, *in the balance of reality* herumhängen? Bitte erklären Sie mir das. Da ist der Bruch. Da ist Bob, wo er schon immer war.

Wir glauben, dass Dylan glaubt, was er glaubt, das ist die

Geschäftsgrundlage unserer Beschäftigung mit ihm. Deshalb geht es nicht darum, sich nach irgendeinem »alten« Dylan zurückzusehnen und zu beklagen, dass er nicht mehr ist, wer er einmal war. (Was war er eigentlich? *It ain't me*, das war er, Babe!) Wir wollen von Dylan auch keine Ratschläge, weil wir uns selber beraten, wir wollen keine Protestsongs, weil wir selber protestieren.

Wir wollen aber auch keine Musik, die zu Reagans integriertem Schlachtfeld den Rock'n' Roll-back inszeniert. Wir brauchen zu den Manövern der Nato – zu Wasser, zu Lande und in der Luft – nicht noch Bobs religiöse Ablenkungsmanöver.

Jeder halbwegs bewusste Mensch hat heute den TALKING WORLD WAR III BLUES. Wer da SAVED ruft und nur den Ratschlag bereit hat, *put your ear to the train tracks / put your ear to the ground*, der muss sich fragen lassen, *which side are you on?* Post-war-lyrics wird es keine mehr geben, alles was zu sagen war, muss *before the flood* gesagt worden sein.

Was würde Bob heute wohl antworten, riefe ihn »sein« Präsident an und fragte, »my friend, Bob, what do we need to make the country grow?« Würde er ihm antworten, dass genau das die falsche Frage ist? Würde er wieder auf Brigitte Bardot verweisen? Würde er einfach *it may be the devil or it may be the Lord* sagen? Würde er ihm wenigstens MASTERS OF WAR am Telefon vorsingen und dabei hervorheben *even Jesus would never forgive what you do?* Würde er ihn auf den Boden der Tatsache Vietnam zurückholen und ihm sagen *don't forget the dead you left / they'll always follow you!?* Denn weiß Gott, jedes Haar von damals *is numbered / like every grain of sand* und nichts davon ist vergessen. Allerdings – *you don't count the dead / with God on your side*. Würde er wenigstens most mysteriously antworten, *you can play with fire / but you get the bill?* Was weiß ich? Ich möchte es aber wissen.

Bob spielt mit dem Feuer und rückt in die Nähe jener

neuen Moralisten, die in den USA bereits dazu übergegangen sind, Bücher zu verbrennen. Er meine es nicht so, sagt er, er sagt es aber so, meine ich. »Man sollte sehr vorsichtig mit diesen Leuten sein«, sagt Bob. Man sollte sehr vorsichtig mit Leuten sein, die von *socialism-hypnotism* reden, und Zeilen loslassen wie *Karl Marx has got you by the throat,* sage ich.

Einer, der von sich kokett sagt, *I don't care about economy* sollte sich zurückhalten und nicht in Verkennung der imperialistischen Realität von *sheiks, deciding America's future* sprechen. Es ist auch nicht *foreign oil,* das um des Reimes willen *American soil* kontrolliert. Und nun noch *the revolution will provide no solution for trouble.*

Das wollen wir uns von Dylan nicht sagen lassen, weil wir die Ohren voll haben von dieser Sorte ordinärer Amis, die wie Joan Baez durch Lateinamerika touren, den Pazifismus predigen, die Linke denunzieren *(ni izquerda, ni derecho, ni Bob Dylan / weder links noch rechts noch Bob Dylan)* und die Revolution verdammen, um sich dann zum Grande Finale der Tournee in Nicaragua von Ernesto Cardenal eingeführt auf einer Bühne Managuas feiern zu lassen. *Obscenity – who really cares / propaganda – all is phony.*

Dylan will weg von jener Folkloreseligkeit, die sich mit einem how many rumms must a rumms go rumms händeklatschend und füßestampfend bei Baez-Konzerten ausbreitet. Wer wollte das nicht verstehen? Denn: »Den Berühmten ist nicht wohl zumute. Sie machen sich zu Markenartikeln, sich selber fremd und unverständlich, als lebende Bilder ihrer selbst wie Tote«, schrieb einst ein bedeutender Dylanologe. Sein Fazit gilt Dylan und uns in unserer Beziehung zu ihm: »Die fast unlösbare Aufgabe besteht darin, weder von der Macht der anderen, noch von der eigenen Ohnmacht sich dumm machen zu lassen.«

Wir wünschen Bobby, dass er bald wieder etwas clara sieht.
*Shot of Love, 1981*

## Nur eine Frage der Zeit

Als politische Leitfigur ist Bob Dylan nie ganz koscher gewesen. *What's good is good / what's bad is bad*, in dieser Hinsicht blieb er immer ein Mängelwesen, nach (fast) allen Seiten offen, von (fast) allen Seiten angreifbar, bis er sich fundamental-religiös einbetonierte und man seine Mauern nur noch mit seinen Widersprüchen besprühen konnte. »I'm liberal, but to a degree«, das scheint sein politisches Credo zu sein. Schon zum ersten World War hatte er nicht viel mehr zu sagen als *the reason for fighting I never did get*. Vom Zweiten Weltkrieg ist ihm nur in Erinnerung, *it came to an end*. Möge also niemand jetzt eine Erklärung erwarten, warum es zum Dritten kommt.

Dennoch: INFIDELS, Dylans neue Platte, ist offen und ausgesprochen politisch – darin vergleichbar mit THE TIMES THEY ARE A-CHANGIN, twenty years ago. Es ist die Offenheit des vagabond, der mit *I'm ready to go anywhere* ernst macht und dabei in seinen Sternstunden phantastische Weiten erreicht. Es ist auch das offene Geständnis an eine Frau, die er liebt: *I need you!* Und Bobs politisches Weltbild ist wieder ergreifend klar: *It's a shadowy world, skies are slippery grey.* So heißt es im JOKERMAN. Aber wer ist Jokerman? Ist es Mr. Tambourine Man, von dem man bis heute nicht weiß, wer er ist? Von dem wollte Bob nichts anderes, als dass er einen Song für ihn singe, von diesem nun will er, dass er im Mondschein nach dem Gesang der Nachtigall tanze.

Viele Texte auf der neuen Platte sind schockierend gut; es begegnen uns alte und neue Dylan-Typen: *two men on the platform, fools and angels, false hearted judges,* sogar ein *blue eyed boy* und *Jackie P's mind.* Da ist *the strange woman, the woman of shame, a woman who looked like you,* aha, *a woman on my block – girls, girls, girls;* es wimmelt von women. Und allen voran jener *Jokerman,* dieser *man of the mountains,* dieser *dream twister,* ein biblischer Charakter, wie schließlich jeder von uns.

Bob hat, den Feuerbach hinunter, die Dialektik von Erde und Welt wiedergefunden, deren Synthese einmal der Mensch sein wird, wenn nichts dazwischenkommt. Die Grundstimmung vieler Lieder ist ernst und bitter. Vorkriegszeit. Zu lachen gibt's da nichts. Aus dem apokalyptischen Zwielicht von Dylans Endzeitbewusstsein schimmert die objektive Lage hervor. Dylans Zeitmaschine hat wieder zu ticken begonnen. Das will was heißen, dass sich die Zeiten inzwischen so oft geändert haben, dass viele nicht mehr wissen, wie spät es eigentlich ist.

*Only a matter of time till night comes stepping in,* sagt Jokerman Bob. Ja, leider. Dylan erkennt Schlagstöcke, Wasserwerfer, Tränengas, Schlösser und Riegel, Molotow Cocktails und rocks hinterm Vorhang. Er stellt politische Forderungen, die auch wir stellen: Weg mit den Minenfallen und Raketen! *No more booby traps and bombs.* Und vor allem anderen: *No more decadence and charm.*

This world is ruled by violence, und es sind die Millionäre, die mit ihren Trommelstöcken den Takt angeben. Einer wenigstens schaute ganz schön blöd aus der Wäsche, *when he played and we didn't dance.*

Es ist nicht einfach, ihm immer und überall hin zu folgen. Neighborhood Bully ist ein harter Brocken und ein heikles Stück. Neighborhood Bully ist der Kerl, der seine Nachbarn tyrannisiert. Er ist Jude. Er ist *der* Jude. *He got no place to escape, no place to run.* Er lebt, um zu überleben und wird dafür auch noch kritisiert und verdammt. *He's wandered the earth an exiled man.* Schließlich kehrt er nach Palästina zurück – ein Ort, der in Dylans Lied allerdings nicht auftaucht – und nimmt sich sein Land.

Doch *his enemies say he's on their land.* Welches Land aber meint Bob Dylan? Meint er Israel in den Grenzen seiner Staatsgründung, meint er Westjordanland und die Grenzen der Okkupation? Neighborhood Bully ist mehr als *just one man.* Er ist auch das Volk Israels. Dieses Volk ist bedroht: *A license to kill him is given out to every maniac.* Also verteidigt er sich um jeden Preis und mit allen Mitteln, indem er angreift. *Then he destroyed a bomb factory / nobody was glad / the bombs were meant for him / he was supposed to feel bad.* Neighborhood Bully, der Bösewicht der Region, ist – so sieht es Dylan – ganz auf sich allein gestellt. Wirkliche Alliierte, denen er vertrauen könnte, hat er nicht. Und die Waffen, die man ihm liefert, sind untauglich. Zwar schlägt man ihm keine Bitte ab – damit sind wohl die Amis gemeint – aber niemand *sends flesh and blood to fight by his side.*

Dylan als Lobredner von Israels Expansionismus? In seiner Lagebeurteilung ist er sich mit Begin einig. Jehova sei Dank, heißt das noch lange nicht mit dem Volk Israels. So knapp und so kurz wurde wohl kaum zuvor die staatliche Existenz Israels aus zionistischer Sicht legitimiert. Ein Politsong von seltener Eindeutigkeit. Die haben sich Dylans Kritiker immer gewünscht. Hier ist sie. Sollen sie sehen, wie sie damit fertig werden.

Zweideutig dagegen das Lied Union Sundown. Sein Thema: Massenarbeitslosigkeit, Produktionsstättenverlagerungen und Billiglohnländer. Dylan, der noch in Slow Train Coming versicherte, *I don't care about economy*, beginnt sich für die Bewegungsgesetze des Kapitals zu interessieren.

Leider von der falschen, nämlich der Konsum- und nicht

der Produktionsseite. Alles was er kaufe oder zu kaufen beabsichtige, werde überall sonst hergestellt, sei alles nur nicht *made in the U.S.A.* Seine Taschenlampe komme aus Taiwan, das Tischtuch aus Malaysia, das Hemd von den Philippinen, und sein Chevrolet sei in Argentinien zusammengebaut worden. Wahrlich, *it's sundown on the union / And what's made in the U.S.A. / Sure was a good idea* – bis die Gier dazwischenkam. Was war einmal eine gute Idee? *The union.* Die Union der Staaten von Nordamerika oder die unions – die Gewerkschaften? Oder beide?

Gut, er kritisiert das System, nennt es beim Namen: *You know capitalism is above the law.* Das kann man wohl sagen. »Was sich nicht verkaufen lässt, das zählt nichts.« Stimmt. (Karl Marx got you by the throat). *Democracy don't rule the world*, meint Bob, auch und überall gibt es genügend Menschen, die ihre Arbeitskraft für *thirty cents a day* verkaufen. Denn der Mensch tut, was er tun muss, wenn er einen hungrigen Mund zu stopfen hat.

Doch nun: Wer ist dafür verantwortlich? Warum ist das so? Was sind die Bewegungsgesetze? Dylans Antwort: *This world is ruled by violence.* Woher die Gewalt nun wiederum kommt, werden wir wohl erst im nächsten Grundkursus zur politischen Ökonomie erfahren.

In SWEETHEART LIKE YOU hat Bobby den Typ von girl am Wickel, dem er schon in LIKE A ROLLING STONE die Leviten gelesen hat. Die Tochter aus gutem Hause, die sich unter die Leute mischt und von Bob gewarnt werden muss, weil man hinter ihrem Rücken tuschelt und zischt. *They smile to your face but behind your back they hiss.* Was, verdammt, *is a sweetheart like you doing in a dump like this?* Wieder eine dieser großen Dylanfragen wie *How does it feel?* oder *Where have you been?* Highway 84.

MAN OF PEACE, eine Gitarrenorgie, offenbart Dylans neues radikales Glaubensbekenntnis. Er glaubt an nichts mehr; *ab-*

*solutely nothing.* Daher: INFIDELS. Jeder ist jeder, und alles ist möglich, *you know, sometimes Satan comes as a man of peace. Look out your window baby,* da draußen steht einer mit ausgestrecktem Arm. *Could be the Fuhrer, could be the local priest,* denn *sometimes Satan comes as a man of peace.* Ob Dylan Reagan meint, der als Friedensmacher daherkommt und dafür seinen Nobelpreis bekommen – nein *kriegen* wird, bleibt offen.

Belafonte jedenfalls nannte Haig, Weinberger und Reagan, der eine seiner Raketenwaffen »Peacemaker« taufte, »devils«.

Deshalb: *Don't follow leaders* und *don't follow stars,* auch nicht dem Stern von Bethlehem, *the same one them three men followed from the east* – auch Jesus könnte Satan sein.

Weil der Mensch die Erde beherrscht, denkt er, er könne mit ihr machen, was er will, nicht der Satan, sondern er hat die LICENSE TO KILL. Seine Unschuld hat der Mensch verloren, als er seinen Fuß auf den Mond setzte. Aber da gibt es eine Frau, gleich bei mir um die Ecke, sie sitzt einfach da, während die Nacht aufzieht: *She say who gonna take away his license to kill?*

Mit seinem Zerstörungsdrang geht er zur Hölle. Er hat Angst und ist durcheinander. Man hat sein Hirn manipuliert, er opfert am Altar eines stockenden Wassers, und wenn er sein Spiegelbild sieht, ist er zufrieden. *All he believes are his eyes / And his eyes, they just tell him lies.* Er ist unfähig zu irgendeiner Art von *fair play, he wants it all and he wants it his way.* Doch immer ist da eine Frau, *she say who gonna take away his license to kill.* Es ist der Mann – *noisemaker, heartbreaker* – der mit einer *license to kill* in der Tasche herumläuft. Es ist der Mann, den man einst verbogen und für das Leben zugerichtet hat, um ihn dann auf einen Weg zu schicken, wo er nur krank werden kann. Bis man ihn unter einem Sternenbanner begräbt und seinen Körper verkauft, wie man es auch mit Gebrauchtwagen tut. Es ist der weiße Mann, der Herrenmensch, von dem Dylan hier singt, der, welcher die Erde ausbeutet und keinen Stein unberührt lassen kann. Wann endlich wird diesem Mann die Lizenz entzogen? Fragt eine Frau, eine Schwarze, gleich hier bei mir um die Ecke. LICENSE TO KILL, eines der schönsten zeitgenössischen »Friedenslieder«.

I AND I, der Titel klingt nach einem Reggae-Thema, doch es geht nur um eine neue Variante von IT AIN'T ME, BABE. Persönlich sind alle Songs auf der Platte, dies ist der intimste. Es ist das Lied vom ewigen Scheitern. Bobby, *still fighting his twin, the enemy within.* Es ist lange her, da schlief eine Wahnsinnsfrau in meinem Bett, *look how sweet she sleeps, how free must be her dreams.* Doch das eine Ich sagte zum andern Ich: Mann, niemand hat dich erkannt. Da beschließt Bobby, *I'll go out for a walk.* Und als es Mittag wird, da treibt er sich noch immer auf der Straße herum – in den dunkelsten Ecken. Und noch immer barfuß.

Er verlegt sich aufs Reden, obwohl er weiß, *I ain't too good in conversation, girl.* Vielleicht verstehst du nicht genau, was ich empfinde. Also warte eine Minute, bevor du abhaust, girl, eine Minute, bevor du durch die Tür gehst. Können wir nicht über alles reden. Vor allem: *Don't fall apart on me tonight.* Lass mich heute Abend nicht allein, ich glaube nicht, dass ich damit fertig würde. *Come over here from over there, girl,* setz dich hin, du kannst meinen Stuhl haben. Mir ist klar, ich hätte besser was Nützliches gelernt. Vielleicht hätte ich Arzt werden sollen, dann hätte ich ein paar Leben retten können, anstatt alle Brücken, über die ich gegangen bin, hinter mir abzubrennen. *Yesterday is just a memory / Tomorrow is never what it's supposed to be. And I need you.* Es ist der Höhepunkt der Platte: ein Einsamer.

Alle Lieder sind mit der Sonnenbrille gesungen – und so sollten sie gehört werden. Dylan spielt Gitarre, Mundharmonika und Tasteninstrumente. Background-vocals: nobody außer Clydie King UNION SUNDOWN. Bobby wird angetrieben von einer Traumband: Robbie Shakespeare (bass), Sly Dunbar (drums/percussion), Mick Taylor (guitar) und Alan Clark (keyboards). Es ist Mark Knopflers Gitarre, die der Platte den unverwechselbaren Klang gibt.

Natürlich ist die Platte mal wieder ganz anders als all die anderen ganz anderen. Sie hat vieles von den vorausgegangenen: Die poetische Kraft und die Schattierungen von BLONDE ON BLONDE, das Leiden und die Intimität von BLOOD ON THE TRACKS, die Mystik von STREET LEGAL. Von SLOW TRAIN COMING hat sie den hitparadierenden Sound, von SHOT OF LOVE hat sie vor allem die Abwärtsbewegung, und von RAVED hat sie, was auf SAVED fehlte. Vor allem hat sie schon etwas von der nächsten und übernächsten. Verstehen wird die Platte nur, wer nicht vergisst, dass Dylan drüben bei den so-called-friends lebt, dass er jedes Mal, wenn er sich nach einem crossroad-sign umdreht, mindestens tausend Meilen und einen Morgen von jeder menschlichen Zivilisation entfernt ist.

*Infidels, 1983*

## Woodstock, Dylan und der Bieberer Berg

Wenn einer um ein Stück Ackerland einen Zaun zieht und an der Frontseite des dabei gewonnenen Gevierts eine Bühne aufschlägt, wenn er einen Toilettenwagen auffahren lässt und daneben eine Imbissstube in die Landschaft stellt, wenn er dazu drei bis vier Rockgruppen, die das Areal bis zur Polizeistunde beschallen, engagiert, und wenn das alles vor zahlendem Publikum bei strahlendem Himmel stattfindet, von keinem Zwischenfall getrübt, dann greifen die, deren Aufgabe es ist, über das Ereignis zu berichten, und sei es nur in den Spalten der Lokalpresse oder auf der Jugendfunkwelle einer Radiostation, gerne auf den »Mythos von Woodstock« zurück.

Der Name dieses kleinen Dorfes im Osten der USA, nahe New York City gelegen, steht für ein kulturelles Massenereignis, dessen Ausstrahlung noch heute so mächtig ist, dass viele davon reden, als seien sie selbst dabei gewesen – damals.

Ein Mythos, der sich, kaum hinterfragt, so lange halten kann, muss von besonderer Beschaffenheit sein.

Woodstock hatte im Ansatz bereits alle Probleme, die spätere Festivals dieser Größenordnung auch hatten; anders als viele von diesen, war Woodstock aber vor allem auch ein ökonomischer Erfolg. Alle Rechnungen sind aufgegangen. Die Neben- und Folgerechte an der Bild- und Tonverbreitung brachten dem Medienkonzern »Warner Brothers«, Inhaber dieser Rechte, viele Dollarmillionen ein, aber auch die Festivalveranstalter selbst holten mehr raus, als sie reingesteckt hatten.

Nicht alle, die sich im August 1969 über das Festivalgelände ergossen, hatten ein Ticket in der Tasche, doch Zehntausende hatten im Vorverkauf Eintrittskarten erworben, genug, um auch für den Veranstalter einen Gewinn abzuwerfen.

Da aber alles in allem mehr Zuschauer das Festival zum Nulltarif als auf Scheckkarte erlebt hatten, war Woodstock fortan immer auch vom Hauch eines »free concert« umgeben. Dieses Image entsprach dem sowohl nach vorn gerichteten wie rückwärtsgewandten Wunschdenken der Jugendkultur jener Zeit. Es war Projektion auf die Utopie einer neuen Massenkultur wie Ausdruck einer Realitätsverleugnung, welche die Erkenntnis nicht zulassen will, dass alles – auch Woodstock – seinen Preis hat.

Der Mythos von Woodstock hat also eine ökonomische Seite, die begreiflich macht, warum alle Beteiligten so gerne auf ihn zurückgreifen. An ihm macht nicht nur die kollektive Erinnerung einer Generation ihr Lebensgefühl von damals fest, Woodstock war auch die Probe auf ein Veranstalterkalkül, das mit Woodstock für sich eine völlig neue Qualität von Massenveranstaltungen erschloss und damit die begrenzte Kapazität von Hallen und Stadien sprengte.

Die Multiplikation des Festivals mittels Bild- und Tonträger kann aber allein die Verbreitung des Woodstock-Mythos nicht erklären und schon gar nicht der Glaube an eine Art subkulturellen Lauffeuers, das die Geschichte dieses Festivals von Generation zu Generation weiterträgt. Woodstock war von Anfang an auch ein Medienereignis, was angesichts der Eigentumsverhältnisse, d. h. Verfügungsgewalt über diese Medien, nur heißen kann, dass sich die »Woodstock nation« mühelos in das herrschende politische und kulturelle System integrieren ließ.

Diese Mühelosigkeit lässt sich wiederum nur verstehen, wenn man sie in den Kontext der militanten Protestbewegungen gegen den Vietnamkrieg stellt. Eine von den Medien aufgewühlte Öffentlichkeit setzte die Stärke, die Militanz und das Gewaltpotential dieser Protestbewegung in eine direkte Verbindung zur Phonstärke ihrer Musik, ein Zusammenhang, der nicht einfach nur konstruiert war, wenn man an die zerhackte, zersägte und zerstückelte Version der US-amerikanischen Nationalhymne denkt, mit der Jimi Hendrix das Festival abschloss. Doch geht es mir weniger darum, die musikgeschichtliche Bedeutung von Woodstock '69 zu rekonstruieren, als verständlich zu machen, warum auch die Repräsentanten der herrschenden Großkultur das Festival in Einklang mit ihren Interessen zu bringen vermochten.

Eine derartige Zusammenballung eines als aggressiv und gewalttätig verschrienen Musikpublikums musste Ängste in der Öffentlichkeit mobilisieren und folglich schnurstracks in eine Entlastungseuphorie münden, als nichts von dem, was man glaubte befürchten zu müssen, eintrat.

Zum Woodstock-Mythos gehört auch die Gewaltlosigkeit. Viele Nachfolge-Festivals waren von schweren Zwischenfällen mit teilweise tödlichem Ausgang überschattet, Zwischenfälle, die heute fast schon zum Umfeld großer Open-Air-Veranstaltungen gehören. Auch Bob Dylans 84er Tour endete in Slane Castle mit einem tödlichen Zwischenfall, dem eine Nacht alkoholisierter Randale vorausgegangen war. Achtzehn Menschen, drei Polizisten eingeschlossen, wurden verletzt, ein Junge ertrank am folgenden Tag unter, wie es heißt, nicht geklärten Umständen. Fünf Hundertschaften Polizei im Sondereinsatz, aus Dublin und Dundalk herbeigeschafft, sorgten schließlich für Ruhe und einen geordneten Ablauf des Konzerts.

Der überraschend gewaltlose Verlauf des Woodstock-Festivals mag Aggressionsforschern Rätsel aufgeben. Sie sollten bei ihren Lösungsversuchen nicht außer Acht lassen, dass Woodstock vor dem Hintergrund einer militanten Massenbewegung mit einem klaren politischen Ziel stattfand, und gerade deswegen zu einem Fest militanter Gewaltlosigkeit werden konnte. Sie sollten auch Art und Qualität der konsumierten Drogen bei ihren Analysen berücksichtigen und dabei ein besonderes Augenmerk auf die Renaissance der Droge Alkohol innerhalb der Jugendkultur der beginnenden 70er Jahre richten. Wo Drogen zu Cocktails und Fan-Gemeinden zu einem Publikum gemixt werden, kann eine explosive Mischung entstehen. In Woodstock muss die Mischung gestimmt haben, trotz aller öffentlichen Warnungen vor der Explosionsgefahr.

Diese Warnungen waren so ernst gemeint und wurden so ernst genommen, dass Woodstock schließlich gar nicht in Woodstock stattfinden konnte. Auch dieser Etikettenschwindel passt zum Woodstock-Mythos, wie auch die Assoziation eines von der Gunst des Wettergottes gesegneten Festivals. In Wirklichkeit war Woodstock '69 ein Matsch- und Schlammfestival.

Den Namen lieh sich das Festival von seinen Vorgängern, relativ unbedeutenden Veranstaltungen, welche die kleine Gemeinde Woodstock im Widerstreit ihrer Gier nach Touristendollars und dem Bedürfnis nach Ruhe und Abgeschiedenheit gerade noch verkraften konnte. Das 69er Festival hatte jedoch bereits im Vorfeld so viele negative Schlagzeilen, dass die Bürgermeinung schließlich gegen die Neuauflage umschlug.

Auch Dylan, der damals mit Sara und den Kindern in Woodstock lebte, soll von der Ablehnungsfront so beeindruckt und von der Angst, die Wut der Bürger könnte sich gegen ihn und seine Familie richten, so besessen gewesen sein, dass er seine Mitwirkung am Festival verweigerte. Er war auch nicht umzustimmen, als das Festival längst auf eine Wiese verlegt worden war – miles away from Woodstock. Das haben ihm viele Fans übelgenommen. Prompt tauchte eines der typischen über Dylan verbreiteten Gerüchte auf. Er habe einen Vertrag mit den Veranstaltern des Isle of Wight Festivals unterschrieben und die hätten ihm den Auftritt in Woodstock, es wäre der erste nach seinem Motorradunfall gewesen, untersagt.

Das Gerücht wiederum passte gut zum Geist von Woodstock, der immer auch ein Geschäftsgeist gewesen ist, denn das ganze Woodstock ist ein Geschäft geworden. Wer sich heute unter nicht vergleichbaren historischen Bedingungen immer noch auf Woodstock bezieht, muss wohl vor allem diesen Aspekt vor Augen haben.

Woodstock ist für alle, die damals unmittelbar oder über den Umweg einer nachträglichen Identifikation teilgenommen haben, nicht wiederholbar. Der politisch-ästhetische Konsens, der Woodstock die Aura der Einmaligkeit verlieh, ist längst zerbrochen. Dafür kann man die kids, die heute zu musikalischen Großveranstaltungen pilgern, nicht verantwortlich machen. The kids are alright. Das geht in Ordnung, halten wir es fest. Die Kids waren immer alright. Wir waren alright, sie sind alright, und die nächste Generation wird auch wieder alright sein. Selbstverständlich war auch das Publikum, das in Offenbach zum »Festival des Jahres« (Promotiontext) zusammenströmte, alright.

Als aber die Sonne langsam vom »Bieberer Berg« wich, als es feucht wurde von unten her, als auch die Notvorräte aufgebraucht waren und es keine Bierdosen mehr aufzureißen gab, als endlich Bob Dylan nach eines langen Tages Reise in den Sommerabend die Bühne betrat, verließen die kids zu Hunderten das Stadion: »Nicht wütend, nicht empört, sondern in ihrer Alltagshaltung – gelangweilt.« Der Chronist des »Darmstädter Tagblattes« klingt verbittert. Er ist traurig, weil er im abziehenden Teil des Publikums nur Ignoranten sehen kann, die »eines der schönsten Konzerte der letzten Jahre« versäumt hatten.

Doch wem steht ein solches Urteil schon zu? Um ermessen zu können, ob die Abgewanderten wirklich etwas versäumt haben, was sie selbst als Versäumnis eingestehen würden, müsste man etwas von deren Erwartungen wissen. Man kann einem Massenpublikum nicht einfach kollektive Erwartungen unterstellen, weil das gemeinsame Interessen voraussetzte. Früher, in Woodstock beispielsweise, war das Spektrum musikalischer Ausdrucksformen ungewöhnlich breit. Die Programmverantwortlichen konnten davon ausgehen, dass ihr Angebot auf Interesse stoßen würde und auch von denen akzeptiert werden würde, die ganz bestimmte Stars sehen oder ganz bestimmte Gruppen hören wollten.

Ein durch die politischen Ereignisse geschärftes Bewusstsein verhalf dem Publikum der 60er Jahre auch zu einem musikalisch-ästhetischen Geschichtsbewusstsein oder wenigstens doch zu der Ahnung, dass all das, was man auf der Bühne zu hören bekam, auf gemeinsame Wurzeln zurückgeht. Eben dieses Bewusstsein wurde dem Musikpublikum in den Woodstock folgenden Jahren ausgetrieben.

Heute sieht sich das Publikum eines Open-Air-Festivals, das, wie in Offenbach, die Rodgau Monotons, Joan Baez, Carlos Santana und Bob Dylan in einem Programm zusammenbringt, als Verein konkurrierender Konsumenten gegenüber. Man hat eine Entscheidung getroffen, zu der steht man. Man hat sich für diesen Sänger oder jene Gruppe entschieden und duldet nichts anderes neben ihnen. Zwar offeriert ihnen der Veranstalter, wie in München, Offenbach, Berlin oder Köln, ein ganzes Programmpaket, doch darauf sind viele überhaupt nicht scharf. Sie wollen ihre Monotons oder ihren Santana haben, und wenn sie sie gehabt haben, interessiert sie nicht für einen Takt, was sonst noch im Programm vorgesehen ist.

In Verona, wo ich in eine Clique von Santana-Fans geraten war, in Milano, wo mir die Fans von Pino Daniele schnatternd in den Ohren lagen oder in Offenbach, wo abziehende Monoton-Fans den ersten Teil von Dylans Auftritt in eine hektische Aufbruchszene verwandelten, wurde ich, und mit mir viele andere, um etwas gebracht.

Es gibt in der Tat eine Kommunikation zwischen Bühne und Publikum. Sie vollzieht sich als quasi physikalischer Vorgang. Ist's oben laut, wird's unten leise – und umgekehrt. Ein

System kommunizierender Röhren. Heavymetal-Gruppen mit Dauerpower oder dem, was sie dafür halten, kann das egal sein, ein Sänger wie Dylan droht im Lärmpegel, der immer dann ansteigt, wenn er ohne Band auf der Bühne steht, unterzugehen. Dylan, die Gitarre und die Mundharmonika: das ist die Stunde der Nervkids, der Labertanten und Quasselstrippen, der Sabbler und Babbler, die nur auf die leisen Töne gewartet zu haben scheinen, um die eigene Stimme zu heben. Das war am unerträglichsten in Milano und in Offenbach während der ersten halben Stunde von Dylans Set.

Sicherlich ist der Verlauf eines Konzerts durch die Zusammenstellung des Programms zu steuern. Basel war dafür ein positives Beispiel. Extrem ungünstig wirkt sich hingegen eine Programmgestaltung aus, die beispielsweise eine deutschsprachige Gruppe mit Heimvorteil wie die Rodgau Monotons, die ich im übrigen in einem Festzelt allemal lieber höre als eine oberbayerische Blasmusik, ins Vorprogramm nimmt, dem als top act ein englischsprachiger Auftritt folgt. Da kommt zu den Geschmacksunterschieden, die bereits ein Publikum spalten können, noch eine Sprachbarriere, die kaum (und wie mir scheint, immer weniger) zu überwinden ist. Auf die Weise kann man zwar Arenen füllen, der Prozess eines zusammenschmelzenden Publikums wird so fast zwangsläufig unterbunden. Vielleicht wäre die Toleranz gegenüber den Mithörern mit anderem Geschmack und unterschiedlichen Interessen größer, würde nicht die Preisgestaltung die Konsumhaltung negativ beeinflussen. Für einen halben Hunderter, die Fahrtkosten nicht inbegriffen, darf man sich was leisten, kann man sich was rausnehmen. Man hat schließlich seine Konsumgewohnheiten.

Und so herrscht unter den Zuschauern nicht einmal Einigkeit über den äußeren Ablauf eines Konzertes. Der eine zieht es vor, ein Konzert durchzustehen, während es der andere abzusitzen gedenkt.

Wer sich seinen Platz irgendwo zwischen Bühnenrand und Mischpult sucht, gerät leicht in die Zange eines lästigen Stereoeffekts. Von vorn nimmt er auf, was von der Bühne kommt, von hinten sitzt ihm ein hysterischer Chor im Nacken, der gebieterisch fordert: Hinsetzen, hinsetzen, hinsetzen ... In allen Sprachen Europas habe ich den Chor im Ohr.

Meist verschaffen sich die da hinten bei denen da vorn Respekt, indem sie ein ganzes Früchtesortiment und Picknickreste im Rücken der Vorderleute zerschellen lassen. Da sind dann auch mal harte Sachen dabei und Plastiktüten, in die von den Plastikplanen aufgelesener Plastikmüll gestopft wurde. In Milano entwickelte sich eine regelrechte Müllschlacht, immer auf der Grenze zwischen ausferndem Spaß und verhaltener Aggressivität. Derartige Szenen passen zu den oft entwürdigenden Umständen solcher Konzerte, weil sie so gut zu einer als alternativ verstandenen Bedürfnislosigkeit passen, und weil das meist jugendliche Publikum nichts anderes kennt.

The festivals are over. Now is the time for your tears.

# Ein Mann unter Einfluss
## Dylan Goes Modern

Hier wird keine Platte besprochen, hier wird ein Projekt vorgestellt. EMPIRE BURLESQUE, der schwerste Brocken seit SAVED. The contemporary Bob Dylan.

Es geht nicht um einen neuerlichen Salto Morale Religioso, eine Abkehr von irgendwas oder eine Einkehr bei irgendwem, diesmal geht es um Dylans radikale Hinwendung zum musikalischen Zeitgeschmack. Dylan hat ein Hightech-Album produziert, dessen Arrangements und Sound-Ausstattung zwischen Mick Jaggers Soloalbum, Tina Turner und Police angesiedelt ist. »The most explosive album of his recent career«, schwärmt die Zeitschrift »Rolling Stone«, sichtlich beeindruckt vom Aufwand, der da betrieben wurde.

Fünf Studios hatte Dylan belegt und neunzehn Musiker eingespannt, darunter an den Gitarren Mick Taylor, Ron Wood und Al Kooper sowie Jim Keltner, Sly Dunbar und Robbie Shakespeare in der rhythmsection – alles Leute, mit denen Dylan schon vorher gearbeitet hatte. Mike Campbell, Benot Tench und Howie Epstein von Tom Pettys Heartbreakers sind dazugestoßen. Madelyn Quebec und Carol Dennis als Zweitstimmen waren bereits auf Dylans 81er Tour zu hören, wo sie damals, wie auch Clydie King, von der Kritik (auch von den Herren Günter A. und Uwe H.) in unverzeihlicher Ignoranz als Gospelmiezen abgetan wurden. Debra Byrd, Peggi Blu und Queen Esther Marrow füllten den »back-up«-Chor auf.

Trotz der vielen Mitwirkenden und der verschiedenen Studios, in denen sie entstand, wirkt diese Platte musikalisch erstaunlich geschlossen. Das verdankt sie der Studioarbeit von Arthur Baker, der mit Richard Scher und Vince Melamed als Gehilfen an den Synthesizern das Album remixed hat.

Es folgt ein technischer Hinweis, der auf dem Cover fehlt: Baker hat das Album so bass- und drumlastig abgemischt, dass Dylans Stimme zu versumpfen droht, wenn man die Platte auf Zimmerlautstärke abspielt. Erst bei full Power stimmt die Mischung. Aber das gehört zum Konzept und entspricht den zeitgenössischen Hörgewohnheiten.

Diese Platte bringt Dylans Musik dahin, wohin sie gehört. In die Diskotheken, Tanzpaläste und Musikboxen. Ist sie erst dort, dann hat das Projekt EMPIRE BURLESQUE sein Ziel erreicht.

Und schon quillt Protest aus allen Ritzen billiger Basements, exklusiver Lofts und teurer Apartments. Money, money, money hallt es von dort. Ein Bannstrahl kleinbürgerlicher Projektionen richtet sich auf Dylans neuestes Werk. Nun mal langsam. Das hatten wir doch schon. Auch ein genialer Künstler vermag nur für eine gewisse Zeit von der Substanz früher Glücks- und Leiderfahrungen zu leben. Dylans Vorrat an Erfahrungen war Mitte der 70er Jahre erschöpft. Ausgedehnte weltweite Tourneen kaschierten diesen Erschöpfungszustand nur mühsam, sie endeten alle in der Wiederholung des Immergleichen.

So war Dylans Weg nach innen vorgezeichnet, auch gesellschaftlich. Sein Abtauchen ins Christlich-Fundamentalistische, sein Ronald Reagan nachempfundener Ritt in die Apokalypse und die künstlerische Ausbeutung der neuen religiösen Empfindungen vermochten nur ein, wenn auch da noch hoch loderndes Strohfeuer zu entfachen. Es ist aber für einen Künstler, der einmal große Wirkung hatte, ein existenzielles Bedürfnis, wirksam zu bleiben. Sind seine künstlerischen Mittel verbraucht, oder ist er ihrer auch nur überdrüssig geworden, dann macht er sich auf die Suche nach neuen Wirkungsmöglichkeiten. Nicht selten, und im Falle Dylans fast immer, wird dabei mutwillig zerstört, was sich als Erfolg gerade zu bestätigen schien.

Sie kennen das letzte Album von Bruce Springsteen? Nein? Macht nichts. Wenn Sie das vorletzte oder vorvorletzte kennen, sind Sie auf dem Laufenden: Kein Bruch, keine Überraschung, keine Provokation.

Menschen zu überraschen, das Publikum zu erschrecken und zu schockieren, ist aber ein legitimes künstlerisches Motiv. Die dabei eingesetzten Mittel können von Effekthascherei bis zur aggressiven Destruktivität gegenüber dem eigenen Werk reichen. Große Künstler gehen immer bis zum Äußersten. Und entsetzt schreit das Publikum auf, wenn Picasso plötzlich Damen der Gesellschaft zu porträtieren beginnt oder Vasen und Teller bemalt. (Das Entsetzen steigert sich zur Empörung, wenn sich das Publikum nicht nur um die Gewöhnung an einen Stil, sondern auch noch um Investitionen in diesen betrogen fühlt.)

Nach der Trennung von Sara drang nur noch wenig über Dylans so genanntes Privatleben nach draußen. Was man mitbekommt: Dylan hängt rum in Clubs und Diskotheken. Er lässt sich sehen in Studios und hinter Bühnen. Er spricht über die Arbeit von anderen, nennt Namen von Gruppen und Sängern, räsoniert über Stile und Richtungen, reflektiert über Video und Playback, dabei ständig in Widersprüche verwickelt. Ein Künstler auf der Suche nach neuen Ausdrucksformen.

Wo Künstler miteinander reden – da genügt es schon, wenn sie ihre Arbeiten gegenseitig zur Kenntnis nehmen – kann so etwas wie ein künstlerisches Leben entstehen, das große Werke möglich macht. Ob dieses Leben lebt, ob die US-amerikanischen Kollegen, auf die Dylan sich vorwiegend bezieht, eine Antwort finden auf den Exitus, den ihre Regierung politisch vorbereitet, oder ob sie einmal mehr mit Hollywood und Las Vegas antworten werden, steht in den Stars und Stripes. Dylan jedenfalls sucht den Kontakt zu Kollegen und die Zusammenarbeit mit ihnen. Er sucht aber auch den Kontakt zum Publikum und nach neuen Erfahrungen mit diesem. Das war bereits während der 84er Tournee zu spüren und zu besichtigen, als er bei BLOWING IN THE WIND den Chor der Mitsinger herausforderte. Ich bleibe dabei. Das sollte er lassen. Dennoch, dieser Stilbruch, der erstmals einen Hauch von Peinlichkeit in Dylans Bühnenauftritte brachte, lag, von heute aus gesehen, auf der Linie der neuen Entwicklung.

Auch Dylans Bereitschaft, im Chor der Kollegen mitzusingen, die sich als Band für Afrika formiert haben, ist Zeichen der Neuorientierung. Zwar war er zuvor bereits bei Solidaritätskonzerten für Chile, Bangladesch und die Freeze-Bewegung dabei, doch nie zuvor war bei einer derartigen Solidaritätsaktion das Spektrum der beteiligten Künstler und der Sparten, die sie vertreten bzw. des Publikums, das sie erreichen, so breit wie im Falle von »US-Artists for Africa«.

Vor diesem Hintergrund ist EMPIRE BURLESQUE entstanden. Die Platte hat es in sich, sie wirkt, wie so viele vor ihr, erst mit Zeitverzögerung. Mancher, der beim ersten Hören verstört die Ohren verschloss, beginnt mürrisch einzuräumen, dass es da einige Songs gäbe ... wenn nur das Diskogerassel nicht wäre.

Insgesamt ist die Trefferquote bei dieser Platte niedriger als bei Dylans frühen Alben, die aber, das sollte man nicht vergessen, immer auch die eine oder andere Niete enthielten. Diesmal liegt sie bei fifty-fifty und ist damit höher als zur Zeit von Dylans religiösem Nullwachstum. Wer noch immer nach verbliebenen Spuren von Dylans Fundamentalo-Trip sucht, wird sich an TIGHT CONNECTION TO MY HEART klammern, der Single-Auskopplung auf dem unaufhaltsamen Weg in die Charts. Dylan vollzieht da eine surrealistische Umkehrung der Wandlung beim christlichen Abendmahl:

*Never could drink that blood and call it wine.* Darin eine tiefere religiöse Bedeutung zu sehen, bleibt jedem überlassen.

Bereits seit einiger Zeit ist CLEAN-CUT KID als INFIDELS-Auskopplung im Umlauf, eine Geschichte, die auf John Lennons Mörder passt. Dylans Neueinspielung fällt hinter die Erstfassung zurück. Der Einsatz der Frauenstimmen ist hier einfach geschmacklos.

Richtig los geht die Platte erst auf der zweiten Seite. Was für ein Song: WHEN THE NIGHT COMES FALLING FROM THE SKY. Technisch ein bisschen overdone, too much of everything, was ein Studio hergibt. Doch davon abgesehen, was für ein Lied.

Die meisten Songs bewegen sich zwischen you and I and I and you, Herz und Schmerz, Liebe und Leid: *find me – remind me; show me – know me, rock me – lock me; teach me – reach me; shake me – take me; hold me – help me.* I'm a poet, hope you know it, please don't blow it. Musikalisch ist EMOTIONALLY YOURS aus einer Kreuzung von LENNY BRUCE und LOVE IN VAIN hervorgegangen. Eine Schnulze. Ich mag sie.

Gleich zwei Synthesizer kommen bei SOMETHING'S BURNING BABY zum Einsatz, ohne das Lied zerstören zu können. Ein Mann auf dem Mexico-City-Blues, der erkennen muss, dass er in den Plänen und Träumen der Geliebten nicht mehr vorkommt. *Something's burning, baby,* ist dir das klar? Es gibt keine Sicherheit, kein *emotionally yours*. Bewegung ist das Prinzip der Materie-Veränderung, the code of the road. Aber: *I believe in the impossible, you know that I do.* Herzzerreißend.

Von den zwei oder drei »acoustic things«, die Dylan noch während der letzten Tour für das nächste Album versprach, ist einer geblieben. DARK EYES muss in Irland entstanden sein. Ein Europa-inspiriertes Mitbringsel. Dylan schlägt die Gitarre an wie eine Laute, er spielt die Mundharmonika wie seinerzeit im GASLIGHT. Ein akustisches Kontrastprogramm von intensiver Zartheit. So, als wolle er den vorangegangenen Technosound vergessen machen. Side B. Last song. You know what I mean.

Im Übrigen sind viele Texte undicht an gleich mehreren Stellen. Dylan braucht einen ganzen Song, wo er früher eine Strophe benötigte, er braucht eine Strophe, wo früher eine Zeile reichte. Das wird in TRUST YOURSELF deutlich. Dieser Song enthält eine Message mit Aufforderungscharakter im Stile von: May you stay forever young. Doch hier ist die Message zweideutig. Jeder darf sich angesprochen fühlen, der in Reagans verwahrlostem Amiland *on his own way* ist. Der Killer auf dem Weg zur Lynchjustiz, der Bürgerrechtskämpfer auf dem Weg in den Knast. Radikale künstlerische Eindeutigkeit wäre verlangt, um nicht mitgerissen zu werden vom idiot wind, den Reagan und seine Klasse entfacht haben.

Was da gebrochen gemeint ist, wie etwa Bruce Springsteens BORN IN THE U.S.A., fügt sich bruchlos zu einer Rockversion von AMERICA THE BEAUTIFUL. Unter dem Einfluss einer allgegenwärtigen Verblödungspropaganda nennt Dire Straits das jüngste Album BROTHER IN ARMS. Nein, versichert Mark Knopfler, es gehe nicht um seine Brüder, die er in den Armen hält, gemeint seien Brüder in Waffen. Er wolle mit diesem Titel auf die komplizierten emotionalen Beziehungen einer Band anspielen, die im Stress von Tourneen und Studio-Sessions entweder aufgerieben werde oder sich zu einer Art Waffenbrüderschaft zusammenfinde. Das nenne ich Militarisierung des Bewusstseins. Nie und nimmer darf man vergessen, in welchem Land Dylan lebt, unter welchen Einflüssen er steht. Dylan, ein Meister der Ambivalenz, wankt und schwankt wie die meisten seiner Kollegen im mächtigen Sog des politischen Mainstream. May they have a strong foundation when the winds of changes shift.

Für Dylan aber gäbe es einen Ausweg. Bobby raus aus USA. Warum nicht nach Lateinamerika? Oder Afrika? Oder wenigstens doch nach Europa. Come on over, baby, just for a while.

*Empire Burlesque, 1985*

# Gültig oder endgültig?

Gewagt, wirklich sehr gewagt. Oder würden Sie dem Plattenmulti, der Sie – einmal angenommen – als Produktberater beschäftigt, eine Bob-Dylan-Werkausgabe andrehen? Ich meine: hier und jetzt mitten im Synthesizer Getöse und ohne besonderen Anlass. Kein Todesfall, keine Jubiläumsfeier. Dylans »Firma« hat es riskiert und auf fünf Platten dreiundfünfzig Songs pressen lassen, die das Werk des ersten »punk folksingers« von 1961 bis 1981 dokumentieren – »twenty years of recording«.

Unter dem Titel BIOGRAPH lässt CBS »dem großen amerikanischen Popstar zu Lebzeiten schon eine Ehrung (widerfahren), wie sie sonst nur Klassikern zukommt«. Das macht Eindruck auf den »Spiegel«, der die »sorgfältig edierte Kassette« wie eine neue Marke im Dylan-Buch-der-Rekorde registriert. Tatsächlich ist die Geschichte von Dylans Veröffentlichungen rekordträchtig. Er war der erste, der mit einer Siebenminutenfassung von LIKE A ROLLING STONE die damals übliche Jukebox-Länge von (höchstens) vier Minuten überbot, er war der erste in der Geschichte des Rock 'n' Roll, der mit BLONDE ON BLONDE ein Doppelalbum herausbrachte, er hat mit RENALDO AND CLARA den längsten, vierstündigen Videoclip aller Zeiten produziert, er war aber auch das erste Opfer von Tonpiraten, denn noch bevor die BASEMENT TAPES in den Regalen des Plattenhandels landeten, hatten sie ihren Triumphzug durch die Bootleg-Szene schon hinter sich.

Nun eine Werk-Auswahl als Klassiker-Edition verpackt:

»The Ultimate Bob Dylan Box-Set«. Dazu: »A 36-Page Full Color Booklet (Including: An Exclusive Interview)«. Dazu: »Rare Photos«. Dazu und obendrauf: »Notes on His Legendary Songs by Bob Dylan«. Es lohnte sich schon, den Motiven nachzuspüren, die nicht nur »die Firma«, sondern Dylan selbst bewogen haben, eine so aufwändige Werkausgabe zu starten. Hat es mit dem Revival der 60er Jahre-Musik in den USA zu tun? Das würde den Zeitpunkt der Veröffentlichung erklären und verständlich machen, warum sich »die Firma« damit so viel Zeit gelassen hat. Denn von Dylans Fünfplattenbox war schon seit gut drei Jahren die Rede, und Bootleg-Auskopplungen der »rare and unreleased recordings« waren schon lange vor der Firmenpressung unterwegs. BIOGRAPH wurde Ende 1985 in den USA herausgebracht nach einem Konzept, das bereits 1982 festgelegt worden war und dann beibehalten wurde. Deshalb bricht der musikalisch-biografische Bogen 1981 so unvermittelt ab.

Dylan hat jedoch danach mit INFIDELS und EMPIRE BURLESQUE eine neue Schaffensperiode eingeleitet und nichts lässt darauf schließen, dass deren künstlerischer Zenit schon überschritten wäre. Von wegen: der *endgültige* Bob Dylan. Wer aber hat die Lieder ausgewählt, wer hat sie nach welchen Kriterien zur Sammlung arrangiert? Dylan selbst fällt aus. Er hat sich an der Song-Auswahl nicht beteiligt. Es war auch nicht seine Idee, die Platte herauszubringen: »I didn't really take a hand in this«.

Schade, denn eine Auswahl von Meisterhand, egal wie sie schließlich ausgefallen wäre, hätte auf Dylans Verhältnis zum eigenen Werk schließen lassen und der Hörerin und dem Hörer eine Chance gegeben, seine eigenen Vorlieben mit denen Dylans zu vergleichen und auf Übereinstimmungen oder Abweichungen zu prüfen. Doch Dylan hat sich rausgehalten. Sagt er. Heißt es.

Wenn aber ein Anonymus die Auswahl besorgt hat, dann fragt sich jeder, der sich mit Dylans Werk beschäftigt, welche

Auswahl er selbst an dessen Stelle getroffen hätte. Fehlt was? Jedem fällt was ein und jeder hätte wohl auch einen Vorschlag, welchen Song man im Austausch herausnehmen könnte. Dabei handelt es sich jedoch mehr um Würztipps beim Abschmecken als um ernsthafte Reklamationen, denn die Werk-Auswahl ist gelungen, und die Vorgabe – von jeder Plattenveröffentlichung höchstens zwei Lieder – hat sich als sinnvoll erwiesen. Dieses Konzept lässt sich nicht von hinten aufrollen, weil dann die Kontraste verschwimmen würden, die der Arrangeur durch Verzicht auf eine chronologische Abfolge erreicht hat. Alles fügt sich zu einem Werk, nichts fällt ab oder heraus, auch nicht die Lieder aus Dylans fundamentalistisch religiöser Schaffensperiode.

BIOGRAPH kostet im Laden um die achtzig Mark, ein saftiger Preis, der die Frage erzwingt, für wen das Album eigentlich gedacht ist. Kaum für ein neues jugendliches Publikum, wie man spontan vermutet. Dagegen spricht nicht nur der Ladenpreis, sondern auch die Verkaufsstrategie der europäischen CBS-Ableger. Dylans »Firma« tut nichts für das Produkt. Anzeigen werden nicht »geschaltet«, Rezensenten nicht »bemustert«. Man verlässt sich auf Flüsterpropaganda und die Kaufbereitschaft hartnäckiger Dylan-Fans.

Aber Bob Dylans Werk aus 29 Plattenveröffentlichungen extrahiert, wenn auch »digitally remastered« – das kann nicht alles sein, denn ein Griff in die Plattenkiste und jeder könnte sich *seine* Werk-Auswahl selbst zusammenstellen.

BIOGRAPH vermittelt eine Hörerfahrung, der sich auch die nicht entziehen können, die auf technische Finessen nicht versessen sind. Man hat Dylan immer wieder vorgeworfen, seine Platteneinspielungen seien im Schnellverfahren produziert. Was stimmt und ihn deshalb kalt lässt, auch wenn er eingesteht, dass er mit den Tücken der Studiotechnik oft zu kämpfen hat: »Vor Jahren konnte ich ins Studio gehen, do it, und es wurde aufs Band übersetzt. Heute wird alles so gesäubert, dass etwas Falsches nicht mehr aufs Band kommt. And my stuff is based on wrong things«. Die digitale Bearbeitung der mastertapes von BIOGRAPH hat nicht geglättet und the wrong things nicht übertüncht. Aber auch das wäre noch kein Grund, die teure Fünf-Platten-Sammlung dem privaten Dylan-Archiv einzuverleiben, wäre sie nicht zugleich eine Fundgrube seltener oder gar unveröffentlichter Aufnahmen.

I'LL KEEP IT WITH MINE und PERCY'S SONG, ich nenne zwei von einundzwanzig dieser »rare and unreleased recordings«, und auch die nur, weil jeder, dessen Qualitätsmaßstäbe nicht unter dem Müll begraben wurden, den die Plattenindustrie täglich ausschüttet, sich verwundert fragen wird, warum Dylan diese Lieder, als sie ihm kamen, nicht gleich veröffentlichte: »Wenn ich die Zeit hätte, könnte ich einen Zehn-Platten-Set unveröffentlichter Songs zusammenstellen«, sagt Dylan dazu. Auf das, was er zurückhält, würden andere eine Songwriter-Karriere begründen.

Apropos »sorgfältig edierte Kassette«: Während Dylans Anmerkungen zu seinen Liedern in der US-amerikanischen Ausgabe auf der jeweiligen Plattenhülle stehen, wo sie hingehören, hat man sie in der europäischen Ausgabe zu einer Kommentarsammlung geheftet. Bei der Gelegenheit hätte man wenigstens die lyrics seiner unveröffentlichten Songs hinzufügen sollen. Ein Manko, das in den USA ausgeglichen wird durch die zeitgleich mit BIOGRAPH bei Alfred A. Knopf veröffentlichten »Lyrics 1961–1985«. Sie sind Ende 1986 als erweiterte Ausgabe von »Writings and Drawings« bei »Zweitausendeins« herausgekommen.

Dylan weiß um seine Bedeutung im US-amerikanischen Showbusiness. Nicht umsonst hatten ihm seine Kollegen beim »Live-Aid-Concert« in Philadelphia den Epilog zugeschanzt. Für diesen eigenwilligen Abtritt, an dem sich das angeknallte Rolling-Stones-Duo Keith Richards und Ron Wood beteiligte, erntete Dylan jedoch herbe Kritik, weil viele nicht begriffen und nie begreifen werden, dass minimal art die einzig angemessene Antwort auf dieses aalglatt abgewickelte Marketing-Unternehmen war.

Auch seine eher beiläufigen Anmerkungen zur Lage der Landwirtschaft in den USA und dem Überlebenskampf der kleinen, von den Agromultis abgewürgten Farmer, forderte viele Kritiker heraus. Dem Anlass nicht angemessen, politisch falsch, wichtigtuerisch, lauteten die Kommentare, wie übrigens auch zu dem von Udo Lindenberg verlesenen Statement der bundesdeutschen »Live-Aid-Band«. Dylans Antwort – Wochen später – der Auftritt beim »Farm-Aid-Concert«, gemeinsam mit Neil Young, Joni Mitchell und Tom Petty & The Heartbreakers, mit denen er seit dem 5. Februar 1986 den fünften Kontinent bereist.

Besänftigend auf Kritiker, denen Dylans soziales Engagement zunehmend Bauchgrimmen verursacht, dürfte auch sein Auftritt in Moskau nicht gerade gewirkt haben. Dylan nahm auf Einladung von Jewgeni Jewtuschenko an einem Poetentreffen im Vorfeld der Weltjugendfestspiele teil und trug dort drei Gedichte zur Gitarre vor. Nach Moskau zu gehen, das will was heißen in den rambofizierten Vereinigten Staaten von Nordamerika.

Grell ausgeleuchtet wurde das politische Umfeld, in dem Dylan agiert, während des PEN-Kongresses in New York City. Wie tief das Gift des Reaganismus in den Hirnen sitzt von Schriftstellern und Intellektuellen, die einmal eine spezifisch amerikanische Form bürgerlicher Liberalität verkörperten und in der Rolle von »liberals« unser Amerikabild durchaus positiv beeinflussten, wurde da deutlich.

Reagan darf auftrumpfen. »Die alten Tabus und der Aberglaube des Liberalismus sind zusammengebrochen und praktisch weggefegt und durch einen robusten und aufgeklärten Konservatismus ersetzt worden«, brüstet er sich vor Neokonservativen. Das heißt: sie haben die Fronten gewechselt, sie sind Rechte geworden, einige sogar Rechtsextremisten, so rechts jedenfalls, dass bundesdeutsche Literatur-Repräsentanten wie Günter Grass als Linke erscheinen mussten. Und auch das ist bezeichnend: Es war nicht einer der US-Großschriftsteller, sondern Allen Ginsberg, der eine Resolution zu Stande brachte, die sich mit dem Kampf des nikaraguanischen Volkes gegen Contras und CIA solidarisierte.

Widerspruch gegen Reagans Politik der physischen, psychischen und ästhetischen Brutalisierung des US-amerikanischen Alltagslebens kommt nicht von den Schriftstellern, den Schauspielern, den Theater- und Filmleuten, wenn er überhaupt kommt. Es sind die poets, songwriters, egal wie man sie nennen will, die ihre lyrics mit den Rhythmen der Populärmusik – Rock 'n' Roll, Folk und Rap, Reggae und Blues – verbinden. Und treibend in diesem Prozess der Rückbesinnung auf soziales und politisches Engagement sind, wenn ich mich nicht täusche, vor allem jene Künstler, deren Biografie und künstlerische Wurzeln in die Populärkultur der 60er Jahre zurückreichen. Sie haben allen Grund, sich zu wehren, denn es ist vor allem diese Populärkultur, die von der triumphalistischen Dummheit des Neokonservatismus am meisten bedroht ist.

Und so ist es nur selbstverständlich, dass sich Dylan auch an der Boykottbewegung gegen den südafrikanischen Vergnügungspark »Sun City« beteiligt. Eine neue Protestkoalition, die auch innenpolitisch einzugreifen beginnt, scheint sich um die Südafrika-Frage zu sammeln, und es ist mehr als nur von symbolischer Bedeutung, wenn anlässlich des erstmals als Nationalfeiertag begangenen Martin-Luther-King-Gedenktages Stevie Wonder und Bob Dylan in einer TV-Show der New Yorker »Radio City Music Hall« auftreten.

Dylans Öffnung, absehbar seit EMPIRE BURLESQUE, hat auch seine Haltung gegenüber der Medienöffentlichkeit beeinflusst. Innerhalb kürzester Zeit hat er mehr von seiner Arbeit und über seine Motive gesprochen als in all den Jahren zuvor. »Spin« veröffentlichte ein »Not Like a Rolling Stone Interview«, »Rolling Stone« bringt ein »Rolling Stone Interview«, und BIOGRAPH enthält ein Interview des »Rolling Stone«-Mitarbeiters Cameron Crow. Und jedes Mal gelingt es Dylan, viel zu sagen, ohne geschwätzig zu sein, Motive offen zu legen, ohne sich psychisch zu entleeren, immer in der nötigen Distanz zum Publikum bzw. dem Interviewer, der das Publikum vertritt.

Aber Dylan muss sich vorsehen, denn die Medienhaie schnappen blitzschnell zu, sie werden sich mit Werkstattgesprächen nicht lange zufrieden geben. Dylans veränderte Attitüde gegenüber Medienvertretern ist verständlich, wenn man akzeptiert, dass er damit eine neue Publikumsgeneration erreichen will. Die kritisch-distanzierte Haltung mancher Akteure der 60er Jahre gegenüber den Massenmedien, die sie zugleich, ob sie wollten oder nicht, auch bedienten, wirkt auf die Mehrheit der Jugend heute antiquiert, sie kommt nicht an, sie wird kaum verstanden und eher als Verweigerung gegenüber dem Publikum selbst interpretiert. In den Interviews zum Jahreswechsel entwickelt Dylan eine faszinierende Sprechprosa in ständig wechselndem Rhythmus. Man glaubt, ihn sprechen zu hören, und man hört die literarischen Vorbilder der Beatgeneration heraus und die musikalischen Vorbilder des Talking-Blues und des Rap.

Dylan steigt weit zurück in die 60er Jahre, ohne sich im Nostalgischen zu verlieren. Er spricht von seiner Kindheit und Jugend, ohne gleich das ganze Familienalbum aufzublättern. Seine moralische Integrität als Künstler, seine scharfe Wahrnehmung der gesellschaftlichen Wirklichkeit, sein Wissen um Herrschaft und Unterdrückung und seine Bereitschaft, sich in den Texten seiner Lieder auf die Seite der *poor emigrants*, der *outlaws*, *der freaks* und *rebels* zu schlagen, wurde geprägt von der Umwelt seiner Jugend: »Das war nicht eine reiche oder eine arme Kleinstadt«, sagt er über Hibbing, Minnesota, »jeder hatte so ziemlich das gleiche, und die wirklich

Reichen lebten da nicht, das waren die, denen die Minen gehörten, and they lived thousands of miles away«.

Von denen, die heute als Charts-Renner und Hitparaden-Stürmer das Musikgeschehen bestimmen, ist selten eine Reflexion über die Quellen, aus denen sie alle schöpfen, zu hören. Dylan dagegen nennt sie alle – die Namen, die ihm Vorbild waren. Mit Baby Let Me Follow You down wurde ein Lied in Dylans Biograph aufgenommen, das Eric von Schmidt zugeschrieben wird. Eine kleine Verbeugung, ein Stück Wiedergutmachung gegenüber den Mitbewerbern, die sich im New York der frühen 60er Jahre nicht nur um das Erbe von Woody Guthrie stritten, sondern sich auch um das im Blues und Folk angelegte musikalische Volksvermögen rauften. Und Dylan war ein Raufbold damals.

»The sixties«: Erst seitdem es sie gab, sprechen wir von den »seventies« und den »eighties«, immer auf der Lauer, das an ihnen Typische nicht zu verpassen. Der Witz dabei: Als die 60er Jahre »the sixties« waren, wusste niemand – ob Künstler oder politischer Aktivist – dass dies die Jahre sind, die man einmal »die 60er Jahre« nennen würde. Und wer heute am häufigsten davon spricht, hatte damals am wenigsten damit zu tun. »Es war wie die Landung einer ›fliegenden Untertasse‹ ... that's what the sixties were like. Everybody heard about it but only a few really saw it.« Und so ist es auch mit dem Rock 'n' Roll. Rock »with capital R«, sage ihm nichts, sagt Bob Dylan. »Now it's just rock ... no roll, the roll's gone«, sagt Dylan und da hat er Recht. Aber »die Zeiten ändern sich noch immer, jeden Tag. I'm trying to slow down every day, because the times may be a-changing, but they are going by awfully fast.« Und damit begibt sich Dylan zurück in die »eighties«, die es nicht gäbe, wären da nicht die »sixties« gewesen. Wie gesagt. Siehe oben.

Oben, das ist der Ort, an dem Dylan sich noch immer aufhält.

*Biograph, 1985*

## Appetithappen

Mahlzeit, haben Sie Lust auf 'nen kleinen Happen? Was soll's, Lust oder keine, es wird besprochen, was über den Ladentisch auf den Plattenteller kommt, auch wenn Bob Dylan mit seinem in fünf Studioküchen zusammengestellten Album KNOCKED OUT LOADED nur einige Appetizer serviert.

Eine kalte Platte, von einer Ausnahme abgesehen, klang- und belanglos. Nur der Elfminutensong BROWNSVILLE GIRL hinterlässt einige Geschmackserinnerungen. Ein Road-Movie-Song von der Art: we drove that car as far as we could. Sam Shepard, mit Dylan seit RENALDO AND CLARA durch ein Missverständnis verbunden, ist der Co-Autor. Damals, während der ROLLING THUNDER REVIEW, war Shepard als Drehbuchautor verpflichtet worden, doch hatten sich die Dinge bei den Dreharbeiten irgendwie verselbstständigt. Von Shepards Ideen blieb nicht viel übrig. Diesmal hat die Zusammenarbeit besser geklappt, so gut, dass Mikal Gilmore in seiner »Rolling Stone«-Titelgeschichte der »special summer double issue« Schwierigkeiten hat herauszufinden, wo Dylans Dichtung endet und die von Shepard beginnt: »Aber es ist ganz leicht herauszuhören, wem der Song wirklich gehört.« Tatsächlich, fährt Gilmore fort, kenne er keinen, der diese Traumgeschichte von erfüllter und versagter Liebe, von verblassenden Helden und verlorenen Idealen, von Hoffnung und Tod so heiter rüberbringe wie eben dieser Sänger und Songschreiber. »Dabei sitzt er direkt vor einem, voll konzentriert auf die Geschichte, so als höre er sie in ihren erstaunlichen Verwicklungen selbst zum ersten Mal. Wenn das die Art ist, wie Dylan als songwriter alt wird, dann beschließe ich«, immer noch Gilmore, »glücklich darüber zu sein, mit ihm alt zu werden.« Auch Robert Shelton macht sich in seiner Dylan-Biografie »No Direction Home«, die noch in diesem Jahr (1986) bei Hodder und Stoughton erscheinen wird, Gedanken über Dylans Alterswerk. Dylan hatte ihm »in a summing-up mood« ein Stichwort geliefert, als er sich fragte, was sein werde, »when I'm not around to sing anymore«. Er hoffe, dass einer kommen werde und an dem anknüpfe, was er tut. Und einen Schritt weiter geht. Dylan: »Ich bin so weit gegangen, wie ich konnte. Niemand, den ich gesehen habe, ist auch nur einen Schritt weiter gegangen.« Das ist die Wahrheit und nichts als dieselbe.

Altersreflexionen eines Künstlers sind nie verfrüht und gerade dann besonders produktiv, wenn im Werk selbst vom Altern nichts zu spüren ist. Dylan mag so weit gegangen sein wie kein anderer, noch sind Ankunftszeit und Fahrziel in keinem Kursbuch vermerkt, noch ist jedes Konzert der Zeitpunkt und jede Bühne der Ort, wo alles passiert – und was passiert, ist mehr denn je Rock and Roll, pulsierend und kraftvoll ohne jemals heavy zu werden. The rolling isn't gone. Man sollte sich wohl abgewöhnen, die oft zufälligen Plattenveröffentlichungen in einem Atemzug zu nennen mit dem, was Dylan auf der Bühne tut, denn eigentlich sind alle Dylanplatten nur Rohfassungen seiner Lieder, so sorgfältig sie studiotechnisch arrangiert und bearbeitet sein mögen. Es sind veröffentlichte Songideen, die sich erst auf der Bühne voll entfalten. Oder auch nicht.

Das musikalische Sommerereignis war denn auch nicht die Platte, die hier zum Anlass genommen wird, auf Dylan zurückzukommen, sondern die True Confessions Tour mit Tom Petty & The Heartbreakers. Auf dieser Tour haben von den neueren Liedern I Remember You und When the Night Comes Falling from the Sky ihre öffentliche Bewährungsprobe bestanden. Dylans Gesangs- und Interpretationskunst ist auf einer nie zuvor erreichten Höhe, es scheint fast, als habe er erst jetzt die Bedeutung seiner jugendlichen Geniestreiche wirklich erfasst, als sei er erst jetzt »reif«, sie emotional auszuloten und künstlerisch zu gestalten. Es geht nicht ums Altern sondern ums Erwachsenwerden.

Mit Tom Petty & The Heartbreakers hat Dylan eine Band, wenn auch nur vorübergehend, die man getrost mit The Band vergleichen darf, ohne die Unterschiede zu verwischen. Die Intensität des Zusammenspiels erlaubt den Vergleich, sie wird auf dem im »Sydney Entertainment Center« aufgenommenen Einstundenfilm »Bob Dylan in Concert« auch sichtbar. Dylan über Petty & The Heartbreakers: »They're quick and they know the fundamental music.«

Petty über Dylan: »He pushes us, we're gonna push back.« Nichts von dem, was sich von Neuseeland über Australien nach Japan in die USA abgespielt und entwickelt hat, ist auf der Platte zu hören. Die Zusammenarbeit verendet vielmehr in einer sterilen Studioeinspielung von Got My Mind Made Up, einem Gemeinschaftswerk von Petty und Dylan ohne push und ohne push back. Ähnlich glatt bzw. von Studioatmosphäre und Studiotechnik geglättet, sind auch die restlichen Nummern. Nur zwei Lieder hat Dylan alleine geschrieben, eines hat er arrangiert und drei in Co-Produktion verfasst. Zwei Lieder stammen aus der Werkstatt von Kollegen und davon ist nur der Kris Kristofferson-Song erwähnenswert, nicht seiner lyrischen oder musikalischen Qualitäten wegen, auch nicht wegen interpretatorischer Besonderheiten. They Killed Him fällt seiner Helden wegen auf: Mahatma Ghandi, Martin Luther King und Jesus Christus. Der nun wieder. Bereits in Australien hatte Dylan sein Publikum mit der provozierenden Frage angemacht, wen man denn hier als hero verehre. Perhaps

Mel Gibson? Or Michael Jackson? Or Bruce Springsteen? Anyway, er wolle jetzt von *seinem* Helden singen. Sagt's und fällt I<small>N</small> <small>THE</small> G<small>ARDEN</small> ein. Die Szene setzte er an den Anfang des HBO Videofilms. Ein mutiger Sprung und ein starkes Opening, auch wenn dieses Lied, in dem es um den Verrat an Jesus und den Zerfall seiner Clique geht, nicht zu den musts in Dylans Repertoire gehört. Doch Dylans born-again Periode ist endgültig vorüber, sie ist nur noch, wie er Shelton gesteht, »part of my experience«. Man muss den Jesus, von dem Dylan jetzt (wieder) spricht, in der Nachbarschaft von Ghandi und King sehen. Da macht er sich gut. Einfach als Typ. Ein kluger, etwas ausgefreakter jüdischer Junge mit einer phantastischen Story und einer akzeptablen Message. A hero. Helden sind ein Dylan-Thema. Schon immer gewesen. Doch kämpfen seine Helden auf Schlachtfeldern »where every victory hurts«

*Knocked Out Loaded, 1986*

## Oh, Merci, Bob Dylan

Zwei Bob-Dylan-Alben habe ich unkommentiert verrauschen lassen. Not so good, not so bad, solala – viel mehr lässt sich über Down in the Groove und Dylan and the Dead nicht sagen. Nur wenige Kritiker haben die beiden Alben überhaupt zur Kenntnis genommen. Dylan and the Dead, das Anfang 1989 erschienene Live-Album, wurde wenigstens registriert und – wie man in Österreich sagt – kontroversiell diskutiert. Aber handelt es sich bei diesem von Jerry Garcia im Grateful-Dead-Studio produzierten Album überhaupt um eine »Bob-Dylan-Platte«? Da bereits beginnt es mit dem Kontroversiellen:

Nicht nur die lieblose Zusammenstellung, auch die gedankenlose Auswahl der Songs überrascht, und Dylans Valium-sedierte Stimme ist nur schwer zu ertragen. Beim Abmischen, davon gehe ich aus, war Dylan sonstwo, nur nicht im Studio. Und Jerry Garcia hätte, bevor er sich ans Abmischen machte, seinen Analytiker konsultieren sollen. Jetzt sind seine ungeklärten Ego-Probleme auf Vinyl gepresst. Das Ergebnis dieser unklaren Produktionsverhältnisse ist ein Bastard: weder Grateful Dead noch Bob Dylan.

Neu ist der Ärger über Dylans Laxheit nicht. Ihn scheinen von der »Firma« produzierte und herausgegebene Live-Mitschnitte nicht zu interessieren. Schon der unter dem Titel Real Live von CBS veröffentlichte Mitschnitt der 84er Tournee versammelte alles mögliche, nur nicht die Höhepunkte dieser Tour.

Dylan ist seit Anfang Februar 1986 fast ohne Unterbrechung auf Achse; erst mit Tom Petty & The Heartbreakers, dann, seit Juni 1988, mit einer neuen Band ohne Starbesetzung. Die sechs Tage im Juli 1987, die Dylan mit Jerry Garcia und The Grateful Dead auf der Bühne verbrachte, waren mehr ein Zwischenspiel und ein eher unbedeutender Ausschnitt dieser hektischen und anstrengenden Serie von Live-Auftritten. Dylans »Firma« ist es einmal mehr nicht gelungen, diese Schaffensphase auf Tonträger zu bannen. Das ist ärgerlich, denn dem Publikum wird so Dylans Entwicklung zum grandiosen Bühnenartisten (master of stage) vorenthalten.

Als Dylan im Frühsommer 1978 unter großem Mediengetöse zurück nach Europa kam, stellte er eine durchgestylte Show mit Las-Vegas-Touch auf die Bühne. (Nur in Nürnberg auf dem Reichsparteitagsgelände verzichtete er demonstrativ auf allen Showglamour.) Bereits die 81er Gospeltour fiel, was die Optik betrifft, wesentlich bescheidener aus. Von Mal zu Mal wurde die Bühnenausstattung ärmlicher und der Beleuchtungsaufwand geringer. Und jedes Mal mehr empfand ich diese Reizminderung als Bereicherung. Alles konzentrierte sich auf den Sänger, die Songs und die Band. Auch in Barcelona, Mailand und Rom, wo ich Dylan im Sommer 1989 sah und hörte, hielt er diese Reduktion konsequent durch.

Wenn sich nun bei Dylans neuestem Studioalbum OH MERCY die Kritik vor Begeisterung fast überschlägt, so hat das auch mit einem strukturellen Problem der Rockmusikkritik zu tun. Die Kritiker sind nicht nur begeistert, die meisten sind auch überrascht, weil sie Dylans Entwicklung nur jeweils von Platte zu Platte verfolgen. Doch OH MERCY kam nicht aus dem Nichts. Dylan hatte sich auf der Bühne eingespielt und freigesungen. Und er hat schließlich gefunden, wonach er seit der Trennung von Robbie Robertson und The Band suchte: einen Gitarristen, der nichts anderes im Sinn zu haben scheint, als Gitarrist der Bob-Dylan-Band zu sein. Zwischen

G. E. Smith (früher Hall and Oats und in den USA kein Unbekannter, wenn auch kein Superstar) und Bob Dylan entwickelte sich ein ungemein intensives Zusammenspiel. Dylan vertraut Smith, er behandelt ihn wie den für die musikalische Leitung Zuständigen, ohne jedoch seinen Anspruch als Bandleader an Smith abzutreten. Gemeinsam mit Smith, Kenny Aaronson, Bass, und Christopher Parker, dem Schwächsten im Bunde, am Schlagzeug, hat Dylan im Sommer 1988 in Jones Beach zwei seiner besten Konzerte in diesem Jahrzehnt gespielt. Zum Abschluss der Tour in der »Radio City Music Hall« von New York gelang Dylan und seiner Band eine Steigerung. This is the singer. Where are the songs?

Dylan hat nach INFIDELS (1983) den einen oder anderen neuen Song geschrieben, die meisten übrigens, jedenfalls von den veröffentlichten, gemeinsam mit anderen Autoren. Viel scheint er von diesen Liedern nicht zu halten. Darauf lässt die Songliste der beiden letzten Tourneen schließen. DRIFTING TOO FAR FROM SHORE war einige Male zu hören, aber nur SILVIO ist so etwas wie ein Repertoire-Stück geworden.

Was Dylan ansonsten auf Tour an »neuen« Songs brachte, war uralt: TRAIL OF THE BUFFALO, EILEEN AROON oder GIVE MY LOVE TO ROSE sind Ausgrabungen eines Musikers, der weiterhin und unermüdlich die Traditionen seines Genres in alle musikalischen Richtungen durchforscht. Seine Fundstücke gehören zu den Höhepunkten des akustischen Teils der Konzerte. Dylans Erfolge als Live-Entertainer, die begeisterten Konzertkritiken in der US-amerikanischen Musikpresse und in europäischen Feuilletons vermochten jedoch Dylans Krise als Autor nicht mehr zu verbergen. Diagnose: Chronische Schreibsperre im textlichen wie im musikalischen Bereich.

Nun aber, oh merci, hat er seinen writer's block überwunden und zehn funkelnagelneue Songs vorgelegt. Die Kritik überbietet sich in der Anwendung von Superlativen. Unter »masterpiece« ist da nichts zu machen.

Mir geht das zu schnell. Noch haben Dylans neue Lieder ihre Bühnenprobe nicht bestanden. Pflicht und Kür, Studio und Bühne, so lautet das volle Programm. Trotzdem: Was Dylan mit Hilfe von Daniel Lanois in einem Studio von New Orleans ausgearbeitet und auf Platte gebracht hat, ist außergewöhnlich. Seit Blood on the Tracks gab es nichts Vergleichbares. Die Platte enthält nicht eine einzige Nullnummer. Das unterscheidet sie von Infidels und allem, was Dylan zwischen Blood on the Tracks und Oh Mercy veröffentlicht hat. Zehn Songs, und nicht einer, der das Konzept sprengen würde, kein Ausfall, kein Ausrutscher, keine Peinlichkeit, nichts dergleichen.

Natürlich sind nicht alle Songs gleich gut. Hört man sich um, so muss man mit Erstaunen feststellen, wie weit die Präferenzen des Publikums streuen. Fast jeder Song wurde mir irgendwann von irgendwem als »Lieblingssong« angepriesen. Einigkeit besteht dagegen in einem Punkt: der Plattentitel führt nicht nur in die Irre, er dürfte sich auch als Verkaufshemmnis erweisen. Große Teile von Dylans Publikum, seine so-called friends, reagieren auf religiöse Anspielungen noch immer gnadenlos. Unterschätzt Dylan, wie sehr der Schock über seine religiösen Eskapaden noch immer nachbebt? Vielleicht. Vielleicht auch nicht.

Dylans »Firma« jedenfalls wollte Everything Is Broken zum Plattentitel machen. Don't ask me, why. Ein Song, der einen Einfall zu Tode reitet, so geschwätzig wie Marktweiber oder LKW-Fahrer, die sich am Tresen über den Zustand der Welt austauschen: »Ach wissen Sie, alles ist kaputt. Kaputte Tassen, kaputte Socken, kaputte Typen, kaputte Telefone... alles ist kaputt.« Dylan treibt dieses Spiel mit *Everything is broken: Broken lines, broken strings, broken beds, broken bones, broken heads, broken stones... everything is broken.*

Der Mann im langen schwarzen Mantel (The Man in the Long Black Coat) würde zweifellos beim Wettbewerb um den besten Song die meisten Nennungen erhalten. *People don't live or die / people just float.* Ein schönes Lied mit lange nachwirkenden Zeilen, aber irgendwie überproduziert, zu viel Western-Atmo, eher Filmmusik als Song. Das ist eines von den Liedern, die sich auf der Bühne erst noch zu bewähren haben.

Dylan und sein Produzent haben sich auch dem Publikumswunsch nach einer Schnulze, die die Grenze zum Kitsch markiert, ohne sie zu überschreiten, nicht verschlossen: *Far away where the soft winds blow / far away from it all / there is a place you go / where teardrops fall.* Ein fettes, sattes Saxophon und eine bis zum Hawaiigeschluchze hochgezogene Gitarre unterstreichen die Sehnsucht des Sängers nach *a new place to start.*

Nur wer Dylan auf der Bühne erlebt hat, weiß von der einzigartigen Wandlungsfähigkeit seiner Stimme. Ich kann mich an keine Platte erinnern, die den Facettenreichtum dieser Stimme besser zum Klingen gebracht hätte als die von Daniel Lanois produzierte. Um diese Behauptung zu überprüfen, müsste man wohl bis in die 60er Jahre zurückgehen. Wer will das schon?

Lanois hat sich zu *dem* Produzenten der späten 80er Jahre entwickelt, sich ihm anzuvertrauen bedeutete für Dylan kein Risiko. Peter Gabriel, U2, Robbie Robertson und die Neville Brothers stehen auf Lanois' Referenzliste. (YELLOW MOON von den Neville Brothers und OH MERCY müssen in einem Atemzug entstanden sein.)

Daniel Lanois, ein Kanadier, bevorzugt die Stille. Er arbeitet nach einem, wie der Zürcher Kritiker Jean-Martin Büttner schrieb, »Anti-Lärm-Konzept« und nach der Maxime: der Künstler und ich.

Da unterscheidet er sich von Phil Spector, jenem ebenso legendären wie egomanen Produzenten, der auch mit Dylan und Lennon gearbeitet und nach der Maxime »Ich und der

Künstler« in den 70er Jahren manch vielversprechendes Plattenkonzept kaputt produziert hat, *Broken concepts, broken singers, broken songs.*

Der Zustand der Welt ist zum Erbarmen. Oh Mercy. Dylans Weltsicht ist düster: *We live in a political world / where life is a mess / and death is a business.* Dylan war nie der Sänger eines historischen Optimismus; auch nicht der Sänger einer geschichtspessimistischen Hoffnungslosigkeit. Die Zeiten ändern sich und mit ihnen die Bedeutungsinhalte ihrer Lieder. Und so bleibt – bis zum nächsten Mal – von der Aufbruchshoffnung einer rebellischen Generation die richtige wie banale Feststellung: THE TIMES THEY ARE A-CHANGIN'. Auffallend viele Kritiker sehen in OH MERCY Dylans Alterswerk. Tatsächlich könnte der Wandel von Dylans Zeitempfinden radikaler kaum sein. *Time passes slowly up here in the mountains – pledging my time – time is an ocean, but it ends at the shore – time is a jetplane, it moves too fast – no time to think.* Zeit ist begrenzt, Zeit ist knapp, Zeit ist Geld. Und nun ist es an der Zeit, die Sturmglocken zu läuten, denn der Hirte ist eingeschlafen, *the mountains are filled with lost sheeps* und *time is running backwards. Ring them bells.* Solches Zeitempfinden ist an Alter nicht gebunden. OH MERCY ist nicht Dylans Alterswerk. Aber ein Werk seines Alters. Des Zeitalters.

*Oh Mercy, 1989*

## ... the Answer is Blowing in the Desert Storm

Ich habe Dylan zuletzt Ende Februar 1991 in New York City gesehen. Auf SAT 1. Er nahm da in der »Radio City Music Hall« an einer ziemlich makaberen Preisverleihung teil. Über diese dreiunddreißigste Grammy Awards Show – staged with the nation at war – war plötzlich und unerwartet ein Todesschatten gefallen.

Die Akademie zeichnete postum nicht nur zwei erst kürzlich verstorbene Künstler aus, mit denen auch Dylan gearbeitet hatte – Roy Orbison als beste männliche Stimme für Pretty Woman, and the late Stevie Ray Vaughan (gemeinsam mit seinem Bruder Jimmie) für die beste Blueseinspielung –, auch Rev. James Cleveland, dem der Preis für das beste Gospelalbum zugesprochen wurde, weilte zum Zeitpunkt der Preisverleihung nicht mehr unter den Lebenden. Und John Lennon ließ sich bei der Entgegennahme des Lifetime Achievement Award durch seine Witwe Yoko Ono vertreten.

Dylan, der wie Lennon an diesem denkwürdigen Abend dafür ausgezeichnet wurde, ein Leben lang getan zu haben, was er tun musste, erschien persönlich, um sich die Laudatio von Jack Nicholson anzuhören, die in 60 Länder – including Saudi Arabia – ausgestrahlt wurde.

Dass diese von der Akademie so gewollte, doch bereits im Ansatz peinliche Doppelpreisverleihung an eine tote und an eine lebende Legende der Rockmusik nicht in einem Showdebakel endete, hatte die Akademie ausgerechnet dem Showdown in der Golfregion zu verdanken und der Herrschaft des Zensors in dessen Gefolge. Urplötzlich stand das Werk der beiden und nicht die Legende wieder im Mittelpunkt der öffentlichen Aufmerksamkeit. Lennons IMAGINE und Dylans MASTERS OF WAR führten die Hitlisten unerwünschter Lieder an, die während des Krieges in den USA wie in Europa an vielen Radio- und Fernsehstationen ausgegeben wurden.

Davon – und das verdient festgehalten zu werden – zeigte sich die Academy of Recording Arts unbeeindruckt. Sich selbst am Piano begleitend, brachte Tracy Chapman eine intensiv bewegende Version von Lennons IMAGINE, und dass Dylans MASTERS OF WAR in dem von SAT 1 ausgestrahlten Zusammenschnitt nicht zu sehen und nicht zu hören war, dürfte mit Zensurmaßnahmen nichts, mit künstlerischen Entscheidungskriterien dagegen viel zu tun gehabt haben. Die Nummer war musikalisch völlig desolat und textlich total unverständlich, so unverständlich, dass die »New York Times« einen new song gehört zu haben glaubte.

Dylans Auftritt schockiert. Die allseits erschrockenen Reaktionen erinnern stark an den Aufschrei des Entsetzens über Dylans schrägen Auftritt zum Abschluss des Live-Aid-Konzertes vor ein paar Jahren.

Bereits Dylans Anblick löst heftige Reaktionen aus. Immer mehr gleicht er den Helden seiner frühen Lieder: Man on the street, standing on the highway, walking down the line, a lonesome hobo. Meine Tante Lisabeth, mit amerikanischen Road-Mythen weniger vertraut, würde ihn schlichtweg einen Penner nennen. Dylans körperlicher Zustand ist schlecht: feeling fat and feeling blue.

Es wird auch viel über vermasselte Konzerte in Brüssel und auf der britischen Insel rumort. In diesem Zusammenhang tauchen auch Vermutungen über Dylans Alkoholkonsum auf. Ich weiß nicht, was sich hinter dieser Art von Konzertanalyse verbirgt und warum ich diese Form von Kunstbetrachtung so ärgerlich finde. Wahrscheinlich, weil dieser vordergründige Versuch, Dylans eigentümliche Motorik zu interpretieren, einfach nur spießig ist.

Sollte Dylan beispielsweise während der Grammy-Preisverleihung, wie viele, die ihn da gesehen haben, vermuten, zu gewesen sein, dann habe ich davon nichts bemerkt. Seine kleine Performance bei der Entgegennahme des Preises war gut inszeniert und das vermeintliche Gestottere bei der Danksagung gut getimed.

Während Jack Nicholson sich noch abmühte, seine Laudatio zu einem Ende zu bringen, stakste Dylan auf die Bühne. Er blinzelte in die Scheinwerfer und grimassierte erstaunt in die Fernsehkamera, als habe er noch nie im Rampenlicht einer Bühne gestanden. Standbein Spielbein, Spielbein Standbein. Hut auf, Hut ab. Er reibt die Nase, bleckt die Zähne, kontrolliert den Hosenlatz, ringt die Hände und grinst an Nicholson vorbei, der noch immer an seinem Text klebt. Dann, nachdem ihm endlich die Trophäe überreicht worden ist, setzt Dylan zur Dankesrede an.

»Thank you.« »Well.« »Ah.« »All right.« »Yeah.« Alles auf den Punkt.

»Well, my daddy, he didn't leave me too much, you know, he's a very simple man«, beginnt Dylan wankend und schwankend seine kleine Ansprache. Doch jedes Wort, jeder Satz kommt genau auf Mikrofonhöhe, nichts geht in der großen Halle und am Bildschirm verloren.

»He did say, son he said ...«, und es kommt zu jener Pause, in der viele glaubten, Dylan habe den Faden verloren. Verlegen, unbeholfen, scheinbar um Worte ringend, dreht und wendet er die hölzerne Trophäe. Das Publikum folgt ihm gebannt.

Und dann, *einen* beat später und ein großes Geraune hätte eingesetzt, genau auf den Punkt auch diesmal, fährt Dylan fort: »... he said so many things, you know.« Gelächter. Die Pointe saß.

Was Dylan dann noch sagte, konnte ich nicht entschlüsseln, es wurde zugedeckt von der Stimme des deutschen

Übersetzers. Ein Spruch, eine väterliche Weisheit muss es gewesen sein und intelligenter als das, was der Übersetzer rüberbrachte.

Dieses Spotlight auf Dylans aktuellen Zustand war hell und grell genug, um zu erkennen, dass Dylan mehr neben sich und weiter entfernt von seinen Schuhen steht als jemals zuvor. Dylan hat sich onwards in his journey auf einen Beschleunigungskurs begeben, der nur in einem Crash enden kann. Spätestens seit dem letzten Londoner Konzert im Frühjahr vergangenen Jahres steuert er seine Never Ending Tour auch künstlerisch in eine Sackgasse.

Dylan war direkt aus Brasilien gekommen, wo er in Rio und São Paulo zwei Giganto-Gigs absolviert hatte, er spielte vier Konzerte im Pariser »Grand Rex« und schloss den Kurztrip im Londoner »Hammersmith Odeon« mit sechs Konzerten ab. Dieser Zehnerpack fasste noch einmal auf einem geschlossen hohen Niveau zusammen, wozu er und seine Band unter Anleitung von G. E. Smith fähig waren.

In Paris war ich dabei. Hier bestätigte sich auch, was ich eigentlich längst wusste: OH MERCY ist ein Meisterwerk. »Noch haben Dylans neue Lieder ihre Bühnenprobe nicht bestanden«, hatte ich in »Konkret« geschrieben, »Pflicht und Kür, Studio und Bühne, so lautet das volle Programm.« Alle OH MERCY-Songs haben die Bühnenprüfung glanzvoll bestanden, und einige haben auf der Bühne erst ihre Wirkung voll entfaltet.

Meine Erinnerung an manches Dylan-Konzert ist überlagert von der Erinnerung an umständliche Anfahrtswege, kalte Tiefgaragen, nasse Stadien, unwirtliche Hallen, ekelerregende hygienische Zustände, katastrophale akustische Verhältnisse, penetrante Polizeipräsenz und ein nerviges Publikum.

Mit dem »Grand Rex« dagegen, mitten in Paris an einem auch nachts belebten Boulevard gelegen, verbinde ich nicht nur die Erinnerung an vier große Konzerte, sondern auch an ein Konzert-Ambiente, wie ich es bis dahin noch nie vorgefunden hatte.

Das »Grand Rex« ist ein Kino. Nein, es ist ein Lichtspieltheater. So um die 3000 Zuschauerinnen und Zuschauer verteilen sich im Parkett und auf einem tiefgestreckten Balkon. Alles, was mehr ist, wäre ein Betrug am Publikum.

Links und rechts der Bühne hat, und das muss schon ein paar Jahrzehnte her sein, ein ausgeflippter Innenarchitekt eine spanisch-orientalische Märchenkulisse hochgezogen; indirekt angestrahlter Gaudí-Kitsch. Und über dem Publikum spannt sich eine nachtschwarze, sternenfunkelnde Himmelskuppel. Die Akustik ist gut, die Konzerte sind ausverkauft, Dylan wirkt fit, ausgeruht und inspiriert.

Hoch dekoriert kehrte er nach vier erfolgreichen Konzerten Paris den Rücken, um in London fortzusetzen und noch zu steigern, was er in Paris begonnen hatte. »Le Monde« hatte ihn »Dylan le Magnifique« genannt, die französische Ausgabe des »Rolling Stone« zum »Picasso du Rock 'n' Roll« gekürt,

*Jack Lang*
*Ministre de la Culture, de la Communication,*
*des Grands Travaux et du Bicentenaire*

*vous prie de bien vouloir assister à la cérémonie au cours de laquelle*
*il remettra les insignes de Commandeur de l'Ordre des Arts et des Lettres à*

*Bob Dylan*

*le mardi 30 janvier 1990, à 18 heures*
*dans les salons du Ministère, 3, rue de Valois, 75001 Paris*

*R. S. V. P. 40 15 82 53*

und Frankreichs Kultusminister hatte ihn zum »Commandeur des Arts et des Lettres« befördert. Alle waren zufrieden.

Alle, außer jenen Fans, die sehnsüchtig auf den Augenblick gewartet hatten, an dem Dylan den großen schwarzen Flügel, der Abend für Abend eingeleuchtet auf der Bühne stand, endlich anschlagen würde. Doch Dylan weigerte sich, die Tasten auch nur anzurühren, und so überquerte das magische Instrument den Kanal unbespielt. Es war längst zum Running Gag dieses Zwei-Städte-Trips geworden. Auch bei London eins, London zwei, London drei, London vier und London fünf blieb der Flügel stumm.

Schließlich der sechste und letzte Abend: »The man is walking towards that big black thing that's been cluttering up the stage every night. My God it's a piano«, schreibt einer, der live dabei war. »Yes, we are going to get Dylan's first United Kingdom piano performance in 24 years.« Und dann hört das Publikum eine aufs Piano gehämmerte haarsträubende Version von DESEASE OF CONCEIT.

Dylan hatte das nasskalte London noch nicht verlassen, als bereits Ankündigungen über eine europäische Sommertour die Runde machten. Und tatsächlich, die Never Ending Tour führte ihn schon Ende Juni nach Europa zurück. Reykjavík – forget it. Roskilde – forget it. Oslo – forget it. Turrko – forget it. Viel mehr ist auch von den kanadischen Konzerten unmittelbar vor dem Sommertrip nach Europa nicht zu sagen: forget it.

Erst das Konzert im Hamburger Stadtpark am 3. Juli 1990 ließ wieder Momente von Inspiration spüren. Der Verlauf dieses Konzertes, seine innere Dramaturgie, war einigermaßen typisch für das, was europäische und US-amerikanische Konzertgängerinnen und Konzertgänger in den folgenden Monaten noch häufiger zu hören bekommen sollten.

Dylan begann in Hamburg tief unten in der Absturzzone und arbeitete sich dann doch noch hoch hinaus. Diese

Spannbreite zwischen Fliegen und Absturz gab dem Hamburger Konzert einen hochdramatischen Akzent.

Ich selbst, und ich weiß, es geht auch anderen so, empfinde Dylans Konzerte auch körperlich als immer anstrengender. Altersbedingte Verschleißerscheinungen? Maybe. Mangelndes Durchhaltevermögen? Mag sein. Doch ich meine etwas anderes: Dylan tut sich schwer, er quält sich, er schafft sich ab. Und das schafft mich. Ich spreche von Übertragung und Gegenübertragung.

Interessanterweise ist das vor drei, vier Jahren noch übliche Gejammere über den kurzen Set verstummt. Mehr als durchschnittlich siebzehn Songs oder eineinhalb Stunden pro Konzert und Abend sind nicht drin. Auch das jugendliche Publikum scheint zu spüren und zu akzeptieren, dass Intensität ihren Preis hat.

In Hamburg brachte Dylan zwei »neue« Songs: No More One More Time und An Old Rock 'n' Roller, Übernahmen von schreibenden Kollegen.

Die Geschichte vom alten Rock 'n' Roller, der in den Sixties eine Platte gemacht hatte, big enough to go Top Ten, den es dann aber wieder in backstreet bars verschlug, wo es ihn manchmal late on Saturday night wieder ans Mikrofon treibt, obwohl seine Stimme eher flach klingt und *he never learned to play the guitar*, diese rührende kleine Geschichte bringt Dylan wie eine autobiografische Anmerkung.

In Sammlerkreisen wird das anschließende Konzert im Berliner Kongresszentrum relativ hoch bewertet. Mir ist nur die akustische Version von Song to Woody in Erinnerung, ich hatte das Lied in einem Konzert noch nie gehört.

Gewöhnlich reagieren die Presse und auch große Teile des Publikums mit Dankbarkeit, wenn Dylan von der Bühne herab ein paar Worte fallen lässt. Das gilt dann als Zeichen von Gutdraufsein. In Hamburg und in Berlin zeigte er sich besonders gesprächig.

Wir erinnern uns: Nur einmal, das war in RENALDO AND CLARA, hat Dylan öffentlich ein deutsches Wort in den Mund genommen: »Volkswagenbus.« Jetzt hat er sein Vokabular um ein »Dankescheen« erweitert. Und da er schon mal am Reden war, kam er auch auf die deutsche Wiedervereinigung zu sprechen. Mir ist allerdings die Pointe seines Gebrabbels zwischen reunited und disunited entgangen. Ich habe auch nicht verstanden, worauf er mit der Bemerkung hinaus wollte, Hitler sei gar kein Deutscher gewesen. Forget it, wäre wohl auch in dem Fall ein guter Ratschlag.

Was Dylan dann noch in Belgien trieb, bevor er zum Abschluss dieser Etappe seiner Never Ending Tour nach Montreux kam, entzieht sich meiner Kenntnis.

Es ist frustrierend, es anderen nachzubeten – Jean Martin Büttner etwa, der über das Konzert am Genfer See im »Tagesanzeiger« schrieb: Es war kein Konzert, sondern ein Ausnahmezustand. So war es.

Dylans Auftritt in Montreux ist in der Schweiz längst zu einem Mythos geworden. Wer allerdings das Konzert nur auf Tape zu hören bekommt, wird Mühe haben, diese Begeisterung nachzuvollziehen. Auch mir fällt es schwer, im Mitschnitt das Erlebte wiederzuerkennen. (Diese Erfahrung sollte sich ein halbes Jahr später nach dem Konzert im Zürcher Hallenstadion noch einmal und noch viel extremer wiederholen.) Was also war das Einmalige an Montreux, was das Besondere, das über die Banalität von live is live hinausginge? Nun, da waren zunächst ein paar außerordentlich schöne Songversionen. I BELIEVE IN YOU zum Beispiel, GOTTA SERVE SOMEBODY zum Beispiel oder Ry Cooders ACROSS THE BORDERLINE in Akkordeonbegleitung von Flaco Jimenez.

Letzten Endes aber lag der Erfolg dieses Konzertes in einer selten günstigen Konstellation. Was oft als Schwäche des Montreux Festivals kritisiert wird, wurde hier zur Produktivkraft, denn dieses Mal war es den Veranstaltern gelungen, drei

Gigs so zu kombinieren, dass *ein* Publikum auf seine Kosten kam.

Die Mehrzahl der Karteninhaber hatte Ry Cooder, David Lindley und Flaco Jimenez auf dem Ticket. Dylan war erst in letzter Minute dazugebucht worden. Doch dieses Publikum, erweitert um ein paar hundert Dylanfreaks, derentwegen die Saalbestuhlung entfernt worden war, wollte auch Bob Dylan hören. Der Rest war Dynamik, Intensität, Kommunikation und Intimität. Ein Psychodrama, was sonst. Danach entschwand Dylan wieder in die Staaten. Anfang September kam UNDER THE RED SKY heraus. Um es kurz zu machen: UNDER THE RED SKY verhält sich zu OH MERCY wie DESIRE zu BLOOD ON THE TRACKS. Ein gutes Album, große Songs: BORN IN TIME oder IT'S AN-BI-LI-WI-BAL. Trotzdem, es fehlt die Geschlossenheit, es fehlt die Aura. Und der »neoklassische Dylan-Sound«, von dem Martin Schäfer schreibt, ist – eben! – ein neoklassischer Dylan-Sound.

Über den weiteren Verlauf der Never Ending Tour war im Spätsommer 1990 kaum noch etwas zu hören. Auch der transatlantische tape-exchange war ins Stocken geraten. Im Oktober gab's dann eine Aufregung. Dylan trat in Westpoint auf, am Tag als Dwight D. Eisenhowers hundertster Geburtstag gefeiert wurde. »Der Spiegel« war dabei. Er ist immer dabei, wenn es darum geht, Dylan am Zeug zu flicken. Absurderweise versucht das Magazin, sich bei der Gelegenheit als Sprachrohr einer längst untergegangenen Gegenkultur zu profilieren.

Dylan in der Hochburg des US-Militarismus, Dylan in der United States Military Academy, Dylan im Eisenhower Hall Theater, das ist natürlich ein Hammer. Doch wäre hier zu fragen, warum Dylans Auftritt in der Stuttgarter Hanns-Martin-Schleyer-Halle vom »Spiegel« unkommentiert über die Bühne gehen konnte und warum niemand auf die Idee kam, Dylan vorzuwerfen, er sei beim Bundesverband der Deutschen Industrie aufgetreten.

Manches Stadion, manche Halle, manches Theater wäre unbespielbar, würden Konzertveranstalter ihre Buchungen von den Namensgebern des jeweiligen Spielortes abhängig machen. Diese symbolische Besetzung öffentlicher Orte mittels Namensgebung funktioniert hervorragend als eine Art Kultursponsoring, mit dessen Hilfe die jeweils Herrschenden ihre Leitfiguren öffentlich ausstellen.

Was ich über dieses Konzert in Westpoint, seinen Verlauf und seine Hintergründe weiß, habe ich aus der US-amerikanischen Musikpresse und von einem Augenzeugen. These are the facts: Dylan trat tatsächlich am 13. Oktober 1990 im Eisenhower Hall Theater, Westpoint, New York auf, und der 13. Oktober 1890 war tatsächlich der Geburtstag des Präsidentengenerals Dwight D. Eisenhower.

Aber Westpoint war nur eine von vielen Stationen der laufenden Never Ending Tour. Das verschweigt »Der Spiegel«, indem er den Eindruck zu erwecken versucht, Dylan habe eigens zu Eisenhowers Geburtstagsfeier ein »rauschendes Konzert« gegeben.

»Rolling Stone«-Autor Alan Light will nicht einmal ausschließen, dass Dylan überhaupt nicht wusste, wo er an jenem 13. Oktober auftreten würde. Das ist gut möglich. Dylan erfuhr während der 78er Tour auch erst im Zug von Berlin nach Nürnberg, dass es sich bei dem im Tourplan aufgeführten Zeppelinfield um das frühere Reichsparteitagsgelände handelte. Beim ersten Blick von der Westpoint-Bühne ins Publikum muss ihm aber schnell klar geworden sein, dass er sich an diesem Abend an einem sehr speziellen Ort befand. In den vorderen Reihen saßen sie, aufgereiht in ihren grauen Ausgehuniformen, die clean-cut kids der United States Military Academy. Der Rest und der überwiegende Teil des Publikums kam in Zivil, viele Altfreaks aus dem nahegelegenen Woodstock darunter.

Das Konzert verlief, wie ein Konzert verläuft. Keine besonderen Vorkommnisse. Sicherheit und Ordnung waren stets gewährleistet. Wie es allerdings um die innere Sicherheit der Westpoint Kadetten nach Dylans Auftritt stand, wird nur schwer zu ermitteln sein. »Rolling Stone«-Reporter Alan Light erlebte einen ziemlich unangenehmen Augenblick während des Konzertes. Das war, als Dylan in die jungen Gesichter dieser künftigen »real-life masters of war« die Zeilen sang: *I hope that you die / And your death'll come soon*, und alle in der Halle wussten, dass ein Krieg in Vorbereitung war. Jedoch: »The song met with a cool response from the cadets down front.« Cool wie Chirurgen, von denen einmal erwartet werden wird, mit Laserbomben einen Bunker zu sezieren. Coole Herren eines coolen Krieges.

Ich glaube allerdings, dass Dylan diese Zeilen ganz ohne Arg gesungen hat, hat er doch mit den Herren des Kriegs mehr die des militärisch-industriellen Komplexes auf der Generals- und Vorstandsebene im Visier als jene kahlgeschorenen Kadetten zu seinen Füßen.

Die Westpoint Show, und das wäre die wirkliche Nachricht gewesen, war eines der letzten Konzerte unter Mitwirkung von G. E. Smith, dessen Gitarrenspiel, wie sich schon bald zeigen sollte, unverzichtbarer Bestandteil von Dylans jüngsten Konzerterfolgen war. Eine Trennung, über deren Gründe noch immer nur spekuliert werden kann. Künstlerisch wäre sie nur verständlich, wenn Dylan mit ihr auch die Tour beendet hätte, um irgendwann nach einer Pause mit einer neuen Formation, vielleicht mal wieder um ein Keyboard oder gar ein paar Bläser erweitert, zurückzukehren.

Bereits in Westpoint hatte Dylan neben G. E. Smith einen Gitarrenlehrling auf der Bühne, und er sollte auch in den folgenden Konzerten noch manch anderen Gitarristen zum öffentlichen Vorspielen einladen. Das Signal: The never ending tour is going on.

Wenn Dylan demnächst unter dem Titel THE NEVER EN-

DING TOUR ein Album mit Liveaufnahmen herausbringen würde, wäre ich nicht überrascht. Dieser Tourname ist jedoch kein Marketingprodukt, sondern eine Kreation der internationalen Fangemeinde, ein Name, auf den man sich schließlich einigte, nachdem die Tour zwischendrin auch mal unter »The Horrible Tour« gelaufen war.

In der Namensgebung »Never Ending Tour« drückt sich zuallererst das wachsende Erstaunen über Dylans hyperaktivistische Bühnenpräsenz aus, die ihn bei zunehmender Beschleunigung zwischen Nordamerika und Europa hin und her treibt, mit Abstechern zuweilen, wie gerade eben erst nach Mexiko und Durango. Mit dieser Namensgebung verbinden sich Erinnerungen an ups und downs, an flips und flops, an einen fliegenden Personalwechsel mit fast zäsurlosem Übergang von einer Band zur nächsten. Mit dieser Namensgebung verbindet sich auch und von Monat zu Monat mehr die Frage, wann diese Never Ending Tour endlich zu einem Ende kommen wird.

Für mich war sie bereits mit dem letzten Londoner Konzert im Frühjahr 1990 beendet, Montreux war nur noch eine grandiose Zugabe.

Als dann so gegen Jahresende das Gerücht, Dylan werde Anfang '91 im Zürcher Hallenstadion auftreten, mit dem anlaufenden Vorverkauf zur Gewissheit wurde, reagierte ich zum ersten Mal spontan mit Abwehr. Dass ich dann schließlich doch hingehen würde, war von vornherein klar, klar war aber auch, dass es bei diesem einen Konzert in Zürich, wo ich zu dieser Zeit lebte, bleiben würde. Ich hatte Dylan, als er dann im Hallenstadion ans Mikrofon trat und dem Publikum beschied, Ihr geht besser Euren Weg, ich gehe meinen, innerhalb eines Jahres achtmal live erlebt – aufs Jahr verteilt alle sechs Wochen.

I wish, I wish, I wish in vain, Dylan setzte gleich zu Beginn des Zürcher Konzerts einen spektakulären Höhepunkt. Mit

Bob Dylan's Dream, einem Lied aus der freewheelin' Frühzeit, gab Dylan zugleich seinen Kommentar zur Lage. Auch seine Interpretation von Everything Is Broken erwies sich als der Lage angemessen.

Weil mir der Anflug von Triumphalismus in Dylans Stimme missfiel, dieser rechthaberische Gestus von »Da sieht man's mal wieder« und »Ich hab's ja schon immer gewusst«, aber auch weil ich das Gereime als banal empfand, habe ich dieses Lied seinerzeit als das Unbedeutendste von Oh Mercy abgetan. Ohne einen Vers oder auch nur eine Zeile zu ändern, nur durch den Wechsel der Haltung beim Singen hat Dylan den Charakter dieses Liedes radikal verändert. Gotta Serve Somebody hat im Verlauf der Tourgeschichte einen ähnlich radikalen Charakterwandel vollzogen – vom fanatisch religiösen Gebot zur lakonisch resignierten Einsicht in das, was Sache ist: Gotta serve somebody, everything is broken.

Dylan, so Jean Martin Büttner in seiner »Tagesanzeiger«-Besprechung des Zürcher Konzerts, »hat die Lieder zur Lage schon geschrieben, hat Lieder für alle Lebenslagen geschrieben. Und die Gefühle dazu besungen, ohne sie zu deuten. Diese Arbeit musste man selber leisten.« An diesem Abend im Zürcher Hallenstadion wurde es zu einem harten Stück Arbeit.

Es war Krieg. Der Krieg ist Dylans Thema, Krieg als eine blutige Realität sinnloser Zerstörung, Krieg als Metapher für die Feindseligkeit unter den Menschen.

Meine Erinnerung an das Zürcher Konzert ist nach wie vor zwiespältig. Nie war die Diskrepanz zwischen Gehörtem und Erlebtem und dem, was ich kurze Zeit später als Mitschnitt auf einer Tonbandkassette zu hören bekam, größer. Das Phänomen war mir bereits bekannt. Dass aber die emotionale Ausnahmesituation, in der ich mich selbst befand, alles, was in der Halle und auf der Bühne geschah, so überdecken würde, hätte ich nicht erwartet. Wie in einem superschnellen

Zeitraffer flogen alle Stimmungen und Empfindungen, alle Gedanken und Erkenntnisse, alle Ereignisse und Erfahrungen, die ich mit bestimmten Dylan Songs verbinde, an mir vorüber. Am Ende des Schnelldurchlaufs wusste ich, dass dieser Krieg auch Dylans Liedern die letzten Hoffnungen ausgetrieben hatte. No more hope, no more questions. Only easy answers. Die Antwort, mein Freund, is blowing in the desert storm, doch um Missverständnisse zu vermeiden: Don't say murder, don't say kill, it was destiny, it was God's will.

# There Is No Place to Stay
Anmerkungen zu Paul Williams: »Forever Young.
Die Musik von Bob Dylan 1974–1986«

Frühjahr 1995: Bob Dylan auf einer Bühne in Paris mit leeren Händen. Erstmalig. Einmalig. Sensationell. Die Fans in Dylans Begleittross sind elektrisiert. Dylans Auftritt ohne Gitarre in der Hand und ohne Harmonikagestell um den Hals ist das Thema der 1995er Frühjahrstour. Bereits in Tschechien, in der Bundesrepublik, in Belgien und in den Niederlanden stand er so – ohne alles – auf der Bühne. Manchmal pflückte er scheu und unbeholfen das Mikrofon vom Ständer, nahm es in die rechte Hand, während er in der linken, die Finger manieriert gespreizt, das Mikrokabel hielt, wobei sich sein Körper breitbeinig im Rhythmus der Band wiegte. In dieser Pose singt er, ganz auf den Gesang konzentriert, eine melancholisch verlangsamte Version von MR. TAMBOURINE MAN.

Ich war beeindruckt, mehr allerdings von der umwerfenden Komik dieser Performance als von dem Gedanken, Zeuge eines einmaligen, nie dagewesenen Ereignisses zu sein. Denn ich erinnerte mich an Dylans furiose Interpretation von ISIS während der ROLLING THUNDER-Tour Mitte der siebziger Jahre. Schon damals stand er so, hands open and visible, vor dem Publikum. Auch Paul Williams hat diese Szene gut in Erinnerung: »Nie zuvor oder danach hat er so bewusst und erfolgreich die Rolle des *actor on stage* gespielt«, schreibt Williams über Dylan im zweiten Band seines Projektes über Bob Dylan als »performing artist«; ein Begriff, für den es im Deutschen eine adäquate Übersetzung nicht gibt, es sei denn, man akzeptierte die bürokratische Spartenzuordnung »Bühnenkünstler«, oder man entschiede sich für die ziemlich geschwollen klingende Übersetzung »Bob Dylan als darstellender Künstler«. Dylans Show ist eine Performance, in deren Mittelpunkt he himself steht. Zwar wechselt der Charakter seiner Performance mit dem Wechsel der Arrangements und dem Austausch von Musikern, doch Dylan bleibt. Nur um ihn beziehungsweise seine Stimme geht es. Eine gelungene Bob-Dylan-Performance ist immer auch eine special voice show.

Paul Williams, dessen Projekt der Spur von Dylans Auftritten folgt, setzt sich auch mit den jeweils neusten Plattenveröffentlichungen auseinander, doch ganz nach dem Motto, »Die Platte ist die Pflicht, die Bühne ist die Kür«, gilt sein Hauptinteresse nicht den Songs, sondern Dylans Bühnenauftritten: Gegenstand seiner Beschäftigung mit Dylan »ist *performed art,* Kunst, die in den Wind geschrieben wurde und nicht auf Papier oder Leinwand«.

Mit dieser Sicht auf Dylans Schaffen ist Williams sehr nahe an Dylans Selbstwahrnehmung: »Ich bin einfach dankbar, dass ich auf einer Bühne spielen darf, und die Leute kommen, um mich zu sehen. Anders würde ich es nicht schaffen, ich meine, wenn ich rausginge, um zu spielen, und niemand würde kommen, das wäre mein Ende.« Womit einfürallemalundendgültig die Frage nach den vermeintlich tieferen Gründen für Dylans rast- und ruheloses Leben auf Tour beantwortet wäre: »Auf Tour zu gehen, ist der Job eines Künstlers«, antwortet er auf die Frage von Akihiko Yamanoto, der in der Lobby eines Tokioter Hotels von ihm wissen will, wie lange er noch vorhabe, seine Never Ending Tour fortzusetzen. »I go anywhere«, fügt Dylan hinzu. Dem mit dem Alter immer heftiger werdenden Drang nach Ruhe und Verlangsamung, der Sehnsucht, zu verweilen und dem Augenblick Dauer zu verleihen, hält Dylan die Quintessenz eines Musikerlebens entgegen: »There is no place to stay.« Das hatte vor ihm bereits Walther von der Vogelweide erkannt.

Traditionellerweise ist im Rockgeschäft die Entscheidung, ob und wann ein Künstler oder eine Künstlerin auf Tour geht beziehungsweise geschickt wird, an die Veröffentlichung einer neuen Platte – im Idealfall einer Hitsingle – gekoppelt. Dylan geht den umgekehrten Weg: »Ich mache nur Platten, weil die Leute kommen, um mich live zu sehen. Solange sie kommen, um mich zu sehen, werde ich weiterhin Platten machen.«

Ob es Unwille ist oder Unfähigkeit, sei dahingestellt: Dylans wiederholt offen erklärte Abneigung, ins Studio zu gehen, um eine Platte zu produzieren, hat zweifellos auch mit den neuen, komplizierten Studiotechniken zu tun, von denen er sich überfordert und übervorteilt fühlt. Der in digitalisierten Studios produzierte Sound und der perfektionistische Eifer von Studiotechnikern, die sich für den technischen Output ihrer Apparaturen mehr interessieren als für den künstlerischen Input eines Interpreten, widern Dylan an. Auch ist ihm das alles zu clean: »My stuff is based on wrong things«, gab er Mitte der achtziger Jahre in einem aufschlussreichen, dem Album BIOGRAPH beigelegten Interview zu Protokoll.

Williams' Schlussfolgerung erscheint mir dann aber doch etwas zu kühn, wenn er meint, Songs zu schreiben und Platten zu produzieren seien eben der Preis für das Privileg, vor einem Publikum live auftreten zu können. Keine Frage, Williams kann sich bei seiner Einschätzung auf entsprechende Interviewäußerungen Dylans stützen. Trotzdem halte ich es für falsch, weil spekulativ, Dylans unterschiedliche und verschiedenartige Schaffensphasen in eine Rangordnung zu bringen und gegeneinander auszuspielen, denn es gibt auch Äußerungen Dylans, in denen er positiv und begeistert über die Studioarbeit spricht. Festzuhalten ist: Dylan sieht sich heute primär als Musiker, der bei seinen Auftritten auf ein gigantisches Repertoire aus eigener Werkstatt zurückgreifen kann und der sich darüber hinaus bestens auskennt im Fundus der US-amerikanischen und angelsächsischen Populärmusik. Und im Übrigen liegt man wohl richtig in der Annahme, dass Dylan nicht in einer Endlosschleife um den Globus tourt, nur um Texte vorzutragen. Für ihn ist es jedenfalls kein Problem, vor einem japanischen Publikum aufzutreten: »Meine Lieder sind poetisch und gleichzeitig sehr musikalisch. Sie haben verschiedene Ebenen«, erklärt er seinem um das Textverständnis besorgten japanischen Interviewer: »Es macht nichts, wenn das Publikum kein Englisch versteht, wir können musikalisch zusammenkommen.« Dann folgt ein Seitenhieb auf Leute, »die sich selbst Dylan-Experten nennen« und der Meinung sind, »nur meine Texte hätten eine wichtige Bedeutung. Meine Lyrik könnte nicht existieren ohne einen musikalischen Hintergrund.«

Dieser Seitenhieb ist sicherlich nicht auf einen Autor wie Paul Williams gezielt. Er gilt all den Wichtigtuern, die sich darin gefallen, einem wieder einmal nachzuweisen, man habe eine bestimmte Zeile, ein bestimmtes Wort oder auch nur eine bestimmte Silbe nicht richtig verstanden – und damit den ganzen Song.

Wer sich auf Bob Dylan einlässt, erfährt sehr bald, selbst wenn Englisch seine Muttersprache ist, dass an der Grenze vom geschriebenen zum gesprochenen beziehungsweise gesungenen Wort manches verloren geht, was durch kreative Eigenschöpfung ersetzt und ergänzt werden muss. Da kann es schon zu Abweichungen vom Original kommen, zu kreativen Missverständnissen in allen Sprachen der Welt, an denen Dylan sicherlich Gefallen hätte. Dylans Songs sind als Lieder entstanden und nicht als Gedichte. In der Show sind sie Stimm-Material. And nothing more ...

Selbstverständlich bin ich mir bewusst, dass textlastige Dylan-Deuter das alles ganz anders sehen – vor allem sehr viel strenger. Ich will mich bei meinem Exkurs in den akademischen Flügel der Dylan-Exegese nicht lange aufhalten, er ist jedoch wichtig, um zu veranschaulichen, worin Williams' Ansatz sich von dem anderer Autoren unterscheidet, und warum ich seine Sicht auf Dylan der von – beispielsweise – Michael Gray vorziehe, auch wenn ich Gray einige interessante Einsichten verdanke.

Es gibt Leute – Gray gehört dazu –, für die ist es ein Problem, dass es die etablierte Literaturwissenschaft nach wie vor ablehnt, Bob Dylan zu den »Würdigen« zu zählen. Und so unternehmen sie alle Anstrengungen, den methodischen Anforderungen einer wissenschaftlichen Auseinandersetzung mit Dylans Schaffen zu genügen. Da wird gelabelt und etikettiert, gezählt und gewählt, nummeriert und aussortiert mit allen Mitteln und Möglichkeiten, die der Computer hergibt. In dem vom Arbeitsrat für Kultur e.V. zu Dylans fünfzigstem Geburtstag herausgegebenen Sammelband sind einige – fast schon karikaturhafte – Beispiele für diese akademische Art der Auseinandersetzung mit Dylan versammelt. Michael Gray tranchiert Dylans Live-Auftritte wie der Vater den Truthahn am Thanksgiving Day. Und wie ein betriebsblinder Bilanzbuchhalter registriert und reklamiert er jeden Ausfall, jede Weglassung, jede Wiederholung und jede andere denkbare textuelle Ordnungswidrigkeit. Ausdrücklich lobt er Michael Tafts Verfahren, mit Hilfe eines Computers zu demonstrieren, wo Dylan sich bestimmter Bluesmuster bedient, »um aufzuzeigen, wie gründlich Dylan die Blueslyrik absorbiert hat, wie sehr er deren poetische Kraft versteht und seine eigene Arbeit so zu einem ›Glied in der Kette‹ (des Blues) werden lässt.« Konkordanz nennt sich dieses reiz- und seelenlose Verfahren, dessen Beweisführung vielleicht zur Erlangung eines akademischen Grades taugt, zum Verständnis von Dylans Schaffen aber nichts beiträgt, was sich nicht schon beim genauen Hören erschlossen hätte.

Auch Richard Nate betätigt sich als Spurensucher. Er hat

sich zu Dylans fünfzigstem Geburtstag vorgenommen, »den Zusammenhang von Dylans Lyrik mit anglo-amerikanischen Folksongs, die entweder textlich oder musikalisch von Dylan aufgegriffen, zitiert oder verfremdet wurden«, darzustellen. Nate scheut sich nicht, den Lesern seines Beitrages zu versichern, Dylans Übernahme fremder Texte, das bruchstückhafte Zitieren etc. entspringe keinesfalls »einer Verlegenheit des Autors (etwa aufgrund von Einfallslosigkeit oder mangelnder Phantasie)«, es handele sich vielmehr – man glaubt es kaum – um bewusst eingesetzte Stilmittel.

Mit der Präzision von Gerichtsmedizinern beim Sezieren eines Leichnams machen sich Gray, Taft, Nate et al. über das Korpus von Dylan-Songs her, mitten im Ereignisstrom analysieren und bilanzieren sie Dylans Leben und Werk, als seien sie damit beauftragt, einen vorzeitigen Nachruf zu verfassen. Ironie – Selbstironie gar – ist ihnen fremd, die wissenschaftlich objektive Auseinandersetzung mit Dylans Werk ist eine verdammt ernste Angelegenheit. Ich höre beim Lesen solcher Texte immer nur das Rauschen eines Computers und das Rasen eines Nadeldruckers.

Williams dagegen zögert nicht, sich bei seinem Versuch, bestimmte Auftritte Dylans zu beschreiben und zu charakterisieren, auf »gefährlich subjektives Terrain« vorzuwagen. Und er schreibt so, dass Dylans Musik mal näher, mal ferner, mal lauter, mal leiser präsent ist als Klang, Rhythmus, Melodie. Man mag einige seiner Beobachtungen für eher nebensächlich halten – interessant sind sie allemal. Man wird auch nicht all seinen Interpretationen zustimmen – anregend sind sie immer.

Das Projekt »Bob Dylan als *performing artist*« ist ein Lebenswerk, das ohne emotionalen Eigenanteil nicht durchzuhalten wäre. Von wenigen Ausnahmen abgesehen, gelingt es Williams, den emotionalen Anteil und den analytischen Anspruch in einem ausbalancierten Schwebezustand zu halten. Problemlos hätte er seinen Text mit Backstage-Infos spicken und mit Geschichten aus Dylans nahem Umfeld garnieren können. Williams verzichtet darauf. Das ist für ihn auch eine Frage des Stils. Er hält sich an das, was legal auf Tonträgern veröffentlicht und illegal auf Bootleg-Mitschnitten vertrieben wird. Er bezieht sich auf Shows, die er live miterlebt oder als Mitschnitte auf Tape (und immer häufiger auch auf CD) nacherlebt hat. Auf Spekulatives zu verzichten, Dylans Privatleben auszublenden (»I don't have any privacy, so there's really not much to protect«), den Mythos Dylan, so gut es eben geht, zu ignorieren, das ist Williams' Stil.

Auch für die Komik einer Dylan-Performance hat Williams einen Blick. Um so mehr überrascht, dass er, der wiederholt Dylans Schaffen mit dem von Picasso vergleicht, nicht auf den viel näherliegenden Bezug zu Chaplin kommt. Doch was Williams über Dylans Atemtechnik sagt, die eben mehr ist als eine Technik, welchen Stellenwert er dem Mundharmonikaspiel gibt und was er schreibt über Dylans Fähigkeit, beim Singen eine Bilderwelt entstehen zu lassen, Stimmungen, Situationen in Farbe und in Schwarzweiß – das alles höre, sehe und empfinde, analysiere, interpretiere und verstehe ich wie er als ein hoch verdichtetes Psychodrama.

Dylan hat im übrigen mit der sukzessiven Verkürzung seiner Shows auf dreizehn, vierzehn, fünfzehn Songs ein Zeitmaß gefunden, das meiner Aufnahmebereitschaft und meiner Verarbeitungsfähigkeit ziemlich genau entspricht. Ist eine Show geglückt, dann verlasse ich sie mit dem Gefühl, es hätte ruhig noch etwas mehr sein dürfen. Das ist genau der Rest an Appetit, der mich wiederkommen lässt: I know my dose well, before I start listening.

Ginge alles mit rechten Dingen zu, so wie die Tonträgerindustrie sich das wünscht, dann wäre ein Projekt wie das von Paul Williams überhaupt nicht machbar. Williams verfügt nicht nur über einen Informationsvorsprung gegenüber den meisten seiner Leserinnen und Leser, er hat sich diesen Vorsprung auch noch auf illegalem Wege über dunkle Kanäle verschafft. Jeder Bezug auf einen illegalen Konzertmitschnitt ist, wenn man es juristisch genau nimmt, ein indirekter Verstoß gegen das Urheberrecht. Ich sage das nicht, um Williams vorzuführen, sondern um auf einen Rechtsanspruch aufmerksam zu machen, der nicht vollstreckbar ist und deshalb aufgegeben werden sollte.

Mit der Entwicklung von mikrochipgesteuerten Aufnahmeverfahren, eingebaut in handliche Geräte, sind exzellente Publikumsmitschnitte möglich geworden, die kein Urheber beziehungsweise dessen Management verhindern könnte. Diese Realität sollte von den Veranstaltern endlich anerkannt werden. Nur so lassen sich die mittlerweile schon zum Ritual einer Dylan-Show gehörenden aggressiv demonstrativen Beschlagnahmeaktionen von muskelbepackten Security-Bullen mitten in einem laufenden Konzert vermeiden. Stimmungskiller. Sie verbreiten Stress, lösen Adrenalinschübe aus und erreichen nichts. Denn anderswo im weiten Rund einer Halle oder einer Arena laufen andere Aufnahmegeräte auf vollen Touren. Mir ist nicht ein einziger Dylan-Auftritt in den vergangenen beiden Jahrzehnten bekannt, der nicht auf Tonband dokumentiert wäre. Stimmt nicht: Von Dylans Auftritt in Moskau im Vorfeld der Weltjugendfestspiele 1985 scheint es tatsächlich einen Mitschnitt nicht zu geben.

Ich spreche von Publikumsmitschnitten. Ich spreche nicht von professionellen Raubkopien, die in Südostasien oder sonstwo von offiziellen Pressungen illegal gezogen werden und dem Urheber schweren ökonomischen Schaden zufügen. Es ist jedoch nicht zu erkennen, welcher Schaden einem Bühnenkünstler wie Dylan entstehen sollte, wenn seine Shows mitgeschnitten und über ein internationales Netz von Interessierten kopiert und weitergegeben werden. In diesen Kreisen ist man selbstverständlich auch an allen offiziellen Veröffentlichungen interessiert, so dass private Publikumsmitschnitte und offizielle Firmenpressungen sich keine Konkurrenz machen. Es gibt aus meiner Sicht nur einen wirklich bedenkenswerten Einwand gegen Mitschnitte aus dem Publikum. Dem Künstler wird nicht nur die Kontrolle über das Produkt seiner Arbeit genommen, sondern ein mitgeschnittenes und an die Öffentlichkeit gelangtes Konzert ist eben auch keine Kunst mehr, »die in den Wind geschrieben wurde«. Jeder Mitschnitt beraubt eine Show ihrer Aura des Einmaligen und Nichtwiederholbaren. »So what«, sagt der tape collector und schiebt die B-Seite von Manchester 1995 ins empfangsbereite Tapedeck.

Und noch ein Argument. Es ist nicht neu. Ich wiederhole es, weil ich mehr denn je von seiner Richtigkeit überzeugt bin: Gäbe es die Tapesammler-Szene nicht, ein cleverer Manager mit Durchblick müsste sie erfinden. Denn mit dem weltumspannenden Netz von Tapesammlern und -sammlerinnen hat sich eine Undergroundszene herausgebildet, die Dylan trägt, in guten wie in schlechten Tagen. Sie hat ihn auch über die Phasen seiner Künstlerlaufbahn hinweg getragen, in denen er medienmäßig aussortiert und abgeschrieben war, wo man damit rechnen musste, bei der Nennung von Dylans Namen mit der erstaunten Frage konfrontiert zu werden: »Ja, gibt's denn den überhaupt noch?«

Natürlich war Dylan auch in Zeiten medialer Abwesenheit nicht untätig. Er hat unermüdlich Platten produziert und war fast ununterbrochen auf Tour. Wo er hinkam, hatte er ein Publikum. Immer und überall.

Jetzt ist er wieder ganz oben. Weltweit präsent auf MTV. Unplugged. Was für ein Witz. Er ist offensichtlich in guter Verfassung und blendender Spiellaune. Marseille 1993, Kiel 1994, Prag 1995, das sind großartige Shows gewesen, Demonstrationen von künstlerischer Vitalität und kreativer Präsenz. Mit WORLD GONE WRONG hat Dylan ein Album veröffentlicht, das zu seinen besten überhaupt gehört. Wer wissen will, was es denn mit Dylans Stimme auf sich habe, erhält hier eine Antwort: Listen. Dig it. Or forget it.

Paul Williams wird, wenn er auf der nächsten Etappe seines Projekts bei den neunziger Jahren ankommt, wohl bestätigen, was nicht nur mir aufgefallen ist: Dylan ist etwas gelungen, das anderen seiner Generation, wenn überhaupt, dann nur mit Unterstützung von Sponsoren gelang – er wird von den Jungen wahrgenommen. Indem er sich von all den Mythen, die an ihm klebten, befreite, hat er es geschafft, sein Verhältnis zum Publikum und zur Medienöffentlichkeit zu normalisieren. Diese neue Nüchternheit bekommt allen gut – Dylan wie seinem Publikum.

# Strange Things Are Happening 1

Herrn
Ignatz Bubis
Zentralrat der Juden in Deutschland
Schumannstraße 65
60325 Frankfurt am Main

Sehr geehrter Herr Bubis,

in Ihrem am 30. November veröffentlichten Gespräch mit dem »Spiegel« ist die Rede von »antisemitischen Untertönen« in der zur Zeit laufenden »Auschwitz-Debatte« (»Spiegel«). Auf eine Frage des »Spiegel« antworten Sie: »Ich spüre bei Martin Walser zwischen den Zeilen Antisemitismus. Ich weiß nicht, ob er sich dessen bewusst ist, wahrscheinlich nicht.«

Anders als Sie, Herr Bubis, bin ich mir sicher, dass sich Walser dessen sehr wohl bewusst ist. Und es macht ihm auch nichts aus, in den Verdacht des Antisemitismus zu geraten. Das habe ich bereits in den 70er Jahren zur Kenntnis nehmen müssen. Mit meinem Brief möchte ich Sie auf eine Episode aufmerksam machen, die ich in einem meiner Bücher geschildert habe, ohne allerdings Walser, um den es geht, beim Namen zu nennen. Vorweg eine kurze Erläuterung.

Ich beschäftige mich seit vielen Jahren mit dem Werk Bob Dylans und dessen Rezeption in der bundesdeutschen Medienöffentlichkeit. Dabei ist mir aufgefallen, dass die Auseinandersetzung mit Dylan nicht selten antisemitisch aufgeladen ist. In der bei »Zweitausendeins« im Oktober 1985 veröffentlichten Reportage »Reunion Sundown. Bob Dylan in Europa« habe ich das am Beispiel eines antisemitischen Stereotyps deutlich gemacht: »Wer über Rockmusik spricht, darf über das Rockbusiness nicht schweigen. Soweit sind wir uns einig. Aber es ist schon merkwürdig und muss auffallen, dass man gerade bei Dylan die materiell-finanzielle Seite des Rock 'n' Roll so oft, so gerne und so ausführlich thematisiert.« In diesem Zusammenhang bin ich dann auf Walser gekommen: »Das erinnert mich auch an die Bemerkung eines westdeutschen Autors, der zurückgezogen in seinem Bodensee-Refugium lebt, von wo er sich gelegentlich mit Kommentaren zum Zeitgeist meldet. Er, der seine Worte besonders behutsam, nach meinem Geschmack behäbig zu setzen pflegt, fragte mich, von meinen Beobachtungen und Betrachtungen zu Dylans 78er Tour offenbar gelangweilt, plötzlich nicht ohne einen aggressiven Unterton, was eigentlich an diesem ›herumzigeunernden Israeliten‹ Besonderes wäre.«

Die Begegnung, auf die das Zitat sich bezieht, fand im Sommer 1978 in der Hamburger »Konkret«-Redaktion in Anwesenheit von Hermann L. Gremliza und dem 1986 verstorbenen »Konkret«-Redakteur Hartmut Schulze statt. Ich hatte auf Einladung von Fritz Rau, einem der Veranstalter von Dylans Europatournee, mehrere Tage Dylan und seine Band begleitet und war nun in die Redaktion gekommen, um Gremliza und Schulze von meinen Tour-Erfahrungen zu berichten. Zufällig war auch Martin Walser an diesem Tag in der »Konkret«-Redaktion.

Natürlich erinnere ich im Abstand der Jahre nicht jedes Detail des nun folgenden Disputes. Ich war verblüfft, und ich war verunsichert. Sollte das ein Witz sein? War es ein Zitat? Wieso diese Emphase? Ich hatte schon immer Mühe mit Walsers Sprach- und Sprechduktus. Da vibriert eine oft nur mühsam gezügelte Aggression. Wer Walsers Rede in der Paulskirche gehört hat, weiß, was ich meine. Nein, es sollte kein Witz sein, und es war auch kein Zitat. Es war Walsers ureigene Sprachschöpfung. Was sie an diesem »herumzigeunernden Israeliten« finde, habe er auch schon seine von Bob

Dylan begeisterte Tochter, ihr Name ist mir entfallen, gefragt. Als ich ihm schließlich vorhielt, er sei Antisemit, wobei noch immer ein Fragezeichen in meiner Vorhaltung anklang, antwortete Walser lachend und selbstgefällig, das habe ihm auch Habermas schon vorgeworfen. Walser bezog sich auf eine Auseinandersetzung mit Habermas am Rande eines Kongresses in Chicago. An Einzelheiten erinnere ich mich nicht mehr.

Ich finde, Sie sollten von dieser Episode wissen, die, wie ich erst jetzt verstanden habe, mehr als nur eine Episode war.

Mit freundlichem Gruß
Günter Amendt

## Strange Things Are Happening 2

Es war einmal eine Zeit, die liegt lange zurück, da gehörte es zum guten Ton, sich als Kenner und Liebhaber von Bob Dylans Liedern zu zeigen. Das war Mitte der 60er Jahre, als Dylan »the hippest person on earth« war, wie Marianne Faithfull in ihrer Autobiografie schreibt: »Dylan was, at that moment in time, nothing less than the hippest person on earth. The *zeitgeist* streamed through him like electricy.«

Heute ist man eher verwundert, jemandem zu begegnen oder von einer Person zu hören, die sich als Dylanliebhaber beziehungsweise, was noch seltener vorkommt, als Dylanliebhaberin zu erkennen gibt. Denn der Dylan von heute ist weder »hip« noch »in« und schon gar nicht die Verkörperung des Zeitgeistes. Time out of Mind ist Dylans Kommentar zum Geist der Zeit.

Wer sich über Jahre und Jahrzehnte hinweg mit Dylans Werk auseinandergesetzt hat und dabei, das ist unvermeidlich, unzähligen Menschen begegnet ist, die sich ihrerseits über Jahre und Jahrzehnte hinweg mit Dylans Werk beschäftigt haben, fragt sich unweigerlich, was eigentlich treibt die anderen an? Was interessiert sie an Dylan? Wie hören sie ihn? Dass die Auseinandersetzung mit Kunst beziehungsweise Kunstwerken bestens geeignet ist, soziale Beziehungen zu stiften, ist eine Banalität, denn es ist immer gut, bei der Begegnung mit Fremden von einem gemeinsamen Interesse zu wissen, um einen Anknüpfungspunkt zu haben, von dem aus alles Weitere sich entwickelt. So entstehen Freundschaften oder wenigstens doch Zuneigung und Sympathie.

Auf der Never Ending Begleittour Dylans begegnet man allerdings auch einem Haufen verrückter, angsteinflößender Typen, borderline cases, wie sie Dylan selbst einmal genannt hat. Häufig trifft man auch auf so-called Dylan friends, von denen man das Gefühl hat, dass sie nichts, aber auch gar nichts von Dylan verstanden haben. Bei der Fünfzigjahrfeier des »Stern« bin ich so einem Typen begegnet.

Michel G., ein Kulturmanager, zu dessen Jobbeschreibung gehört, Menschen zusammenzubringen, machte mich in Hamburg mit Rudolf Scharping bekannt. Der war damals noch Vorsitzender der SPD-Fraktion im Deutschen Bundestag. G. hatte weder mich noch Scharping gefragt, ob wir überhaupt bekannt gemacht werden wollten. Immerhin, er erwies sich als Profi und gab uns, um ein Gespräch in Gang zu bringen, das Stichwort: Bob Dylan. Da stand ich nun und hatte nur einen Gedanken: Wie komme ich raus aus dieser Nummer ohne unhöflich zu sein? Dazu hatte ich keinen Grund, denn ich rede mit Sozialdemokraten.

Scharping gab schnell zu verstehen, dass er, was Dylan betrifft, nicht auf dem Laufenden sei. Er war wohl, so meine Vermutung, wie viele Leute mit einer vergleichbaren Biografie, bei Dylans Protestphase hängen geblieben. Ob er denn Dylan schon einmal live gesehen habe, frage ich. Nein, dazu fehle ihm die Zeit, antwortet er. Ob er denn schon einmal einen der illegalen Konzertmitschnitte gehört habe, will ich wissen. Nein, dazu habe er keinen Zugang. Das war eine Antwort, die mir erlaubte, mich elegant zu verabschieden. Wissen Sie was, ich werde Ihnen einen Mitschnitt von Dylans letztem Konzert in Hamburg zukommen lassen. Und, von einer Vorahnung erfasst, weise ich ihn ausdrücklich auf die exzellente Hamburger Version von MASTERS OF WAR hin. Ich verabschiede mich und bitte Jürgen K., den Mitschnitt des Hamburger Konzerts an den Vorsitzenden der SPD-Fraktion nach Berlin zu schicken.

Monate später, die SPD war an der Regierung, Scharping war vom Vorsitz der Fraktion ins Verteidigungsministerium eingerückt und hatte sich bereits als Kriegsminister etabliert,

Bundesministerium der Verteidigung
**Persönlicher Referent**
**Stellvertretender Leiter des Ministerbüros**
**des Bundesministers**

Bonn, 26. November 1998
Telefon: (02 28) 12– 9012

Bundesministerium der Verteidigung - Postfach 13 28 - 53003 Bonn
Herrn
Juergen Kandulla

Sehr geehrter Herr Kandulla,

Rudolf Scharping hat mich gebeten, Ihnen für ihr Schreiben zu danken und insbesondere für die beigelegte CD.

Er hat diese Aufnahme gern an sich genommen und ich habe sie schon mehrfach aus seinem Büro erklingen gehört.

Seien Sie also auch in seinem Namen noch einmal herzlich gedankt und gegrüßt.

erhält Jürgen K. einen Brief aus dem »Bundesminsterium der Verteidigung«. Scharpings Persönlicher Referent bedankt sich »für die beigelegte CD« und fügt hinzu: »Er hat diese Aufnahme gern an sich genommen und ich habe sie schon mehrfach aus seinem Büro erklingen gehört.« Es ist zum Verzweifeln: Die Bundesrepublik Deutschland plant einen völkerrechtswidrigen Angriffskrieg gegen ein Nachbarland, während der »Bundesminster der Verteidigung« Bob Dylans MASTERS OF WAR in »seinem Büro erklingen« lässt, und *there's nothing, really nothing to turn off.*

## Tangled up in Black

So viel Schmerz, so viel Leid, so viel Horror und so viel Trauer auf einer Platte gab es noch nie. Von wegen, nobody feels any pain. Erster Song, erste Strophe, erste Zeile: *I'm walking* ... Ein Schockerlebnis beim ersten Hören. Dylans Stimme klingt wie aus der Gruft. Er singt wie einer, der am Ende der endless road angelangt ist, einer, dessen Seele sich zu Stahl verhärtet hat und der die Last, die ihm aufgebürdet wurde, nicht mehr tragen kann: *Not dark yet, but it's getting there.*

Bei so viel Düsternis ist es verständlich, dass in den Plattenbesprechungen ein Hinweis auf Dylans gerade überstandene lebensbedrohliche Erkrankung nicht fehlt. Das ist verständlich, weil es im Rock-Pop-Existenzialismus schon immer Probleme mit der Trennschärfe zwischen Singer und Song gegeben hat. Es ist verständlich, aber es ist falsch. Time out of Mind war eingespielt und abgemischt, bevor ein Virus Dylans Lunge befiel, seine Herzkammer aufpumpte und ihm beinahe den Atem nahm.

So groß die Versuchung auch sein mag – und im Falle Dylans ist sie besonders groß –, aus jeder Plattenveröffentlichung Rückschlüsse auf den mentalen Zustand des Sängers zu ziehen, es handelt sich auch diesmal, bei Dylans nach offizieller Firmenzählung 41. Album, um eine Sammlung von Liedern und nicht um die Publikation autobiografischer Texte. Dylan singt den Blues von einsamen, liebeskranken Männern (Love Sick), von Männern, die man in einer Toreinfahrt stehen ließ – cryin' (STANDING IN THE DOORWAY).

Gefragt, wer denn die Frau sei, die ihm Song für Song das Herz breche, antwortet Dylan – laughin': »Which one? Which song?«

Wie noch jedes Dylan-Album ist auch dieses ein Alterswerk. Der von den Rolling Stones oder The Who zelebrierte Kult der Jugendlichkeit war Dylan immer fremd. So wie er ständig die Rollen wechselt, verschiebt er ständig auch die Altersperspektive: *I was so much older then, I'm younger than that now.* Seine in jungen Jahren veröffentlichte Hymne FOREVER YOUNG trägt er vor im priesterlich-patriarchalischen Gestus eines weisen Alten: *May you have a strong foundation, when the winds of changes shift.* Was Dylan in diesem Song ausbreitet, ist ein Katalog von alterslosen Tugenden. Und nicht ein Hauch von jugendlichem Triumphalismus.

Dieser ständige Wechsel der Altersperspektive schließt melancholisch resignative Reflexionen über die Mühen und Versagungen des eigenen biologischen Alters nicht aus: *All the young men with the young women looking so good / I'd trade places with any of 'em in a minute if I could* (HIGHLANDS).

Wo von Jugend und Jugendlichkeit die Rede ist, werden Vergänglichkeit und Tod immer mitgedacht. In jeder Phase von Dylans Schaffen ist der Tod gegenwärtig: *Death is not the end. Not the end.* Aufrecht sterben zu dürfen, *before I go down under the ground*, war schon ein Wunsch ganz am Anfang seiner Laufbahn (LET ME DIE IN MY FOOTSTEPS). Auch möge man, bitte sehr, dafür sorgen, *that my grave is kept clean.* Nicht zum ersten Male sieht er *that long black cloud* auf sich zukommen, und er fühlt sich like *I'm knocking on heaven's door.* Als Dylan diesen Song schrieb, ließ er keinen Zweifel an der Gewissheit, Einlass zu finden, wenn es einmal soweit sein wird. Diese Gewissheit ist ihm abhanden gekommen. Heute muss man froh sein, rechzeitig anzukommen, *before they close the door* (Trying to Get to Heaven).

Time out of Mind, von der Kritik weltweit als Meisterwerk gefeiert, ist durchdrungen von einer düsteren Grundstimmung und geprägt von Dylans apokalyptischer Weltsicht. Das kann eigentlich nur in einer Depression enden. Doch bevor es dazu kommt, setzt die heilende Kraft des Blues ein.

Produziert von Daniel Lanois, der ihm schon bei Oh Mercy zur Seite stand, hat Dylan elf bluesakzentuierte Songs von hoher, wenn auch unterschiedlicher Qualität veröffentlicht. Nicht eine Nullnummer dabei. Einige der Songs klingen grob und ungehobelt wie improvisiert. Alle wurden raffiniert arrangiert. Vorgetragen werden sie in einer Haltung lakonischer Gelassenheit und in einem Ton »schwermütiger Schönheit« (J.M.B.). Und alle wurden sie live aufgenommen. Da ist noch einiges zu erwarten, wenn erst einmal jene Versionen in den Bootleg-Umlauf gelangen, die Dylan und Lanois ausgemustert haben bei der Zusammenstellung des Albums.

Der Blues ist für die Seele, was die Dialektik für den Verstand ist. Eine Bewegungskraft. Vorwärts rückwärts, aufwärts abwärts. Dylan hält sich an den Blues, und der Blues hält Dylan in Bewegung, mag er auch noch so sehr den Eindruck haben stillzustehen auf seiner Reise nach Boston und Chicago, London, Paris und den Highlands, *only place left to go*. Dylan bewegt sich. Langsam und zu Fuß. Walking: *It doesn't matter where I go anymore, I just go* (Can't Wait). He walks *through streets that are dead, walking with you in my head, walking through the middle of nowhere, walking the lonesome valley, wading through the muddy waters, rolling through stormy weather* und *rolling through the lonely graveyard of my mind*.

Der Blues ist eine musikalische Form, einfache Wahrheiten zu sagen, die das Leben betreffen. Einfache Wahrheiten zu sagen ist kompliziert. Überall lauern die Klischees. Auch Dylan greift gelegentlich, textlich wie musikalisch, auf Blues-Klischees zurück. Doch das ist ein zu vernachlässigender Einwand. Er ändert nichts an der Tatsache, dass ihm mit Time out of Mind ein Masterpiece gelungen ist, bedeutender als Oh Mercy (1989), vergleichbar, wenn denn ein Vergleich nötig ist, mit Blood on the Tracks (1974).

Mit der Begründung, es gäbe bereits genügend Dylan-Songs, hat Dylan wiederholt angekündigt, keine Lieder mehr schreiben zu wollen. *The party is over and there's less and less to say* (Highlands). Hartnäckige Dylan-Fans ließen sich von solchen Ankündigungen nie beirren. Sieben lange Jahre haben sie unverdrossen auf ein neues Album in his own writing gewartet. Sie wurden belohnt, und sie sind begeistert: Sein Blues ist mein Blues ist dein Blues, or you got a heart of stone.

Dylan und die Fans, das ist ein Thema, Dylan und die Kritik ein anderes. Die einhellige Zustimmung, auf die Time out of Mind in den Medien stößt, ist überraschend und irritierend. Da ist man fast schon erleichtert, wenn wenigstens die »Taz« jene deutsche Medientradition fortsetzt, die Dylan als Katalysator benutzt, um sich an Problemen abzuarbeiten, die mit Dylan nichts zu tun haben und für die er nicht verantwortlich ist. Über Dylans TOOM Stone Blues erfährt man kaum etwas, dafür um so mehr über die im »Monatszyklus« auftretenden Altersbeschwerden des »Taz«-Kulturredakteurs, der seine Ängste und Phobien auf Dylan projiziert. Was jedoch überwiegt in der Auseinandersetzung mit Dylan und seinem neuesten Werk, ist eine ungewohnte Sorgfalt und Ernsthaftigkeit, sieht man einmal ab von den schnellen Jungs, die vor dem Spiegel wichsen, für sie schreiben und Interviews führen: »Man hört, Sie spielen jetzt Golf. Was ist Ihr Handicap?« Heute schreibt eine Generation von Musikkritikern, die nicht mehr, wie noch in den achtziger Jahren, ständig mit dem eigenen biografischen Defizit beschäftigt ist, damals, als angeblich alles losging, nicht dabei gewesen zu sein. Ein Generationenbruch.

Trotzdem, es bleibt eine Irritation. Der Zeitgeist tickt anders. Schneller. Vom Blues wollen die wenigsten etwas wissen. Er gilt als das Gefühl von Verlierern, die nur Zeit verlieren, wenn sie sich ihrem Trennungsschmerz hingeben und sich mit ihren Verlustängsten und Todesahnungen herumschlagen. Forget it, heißt die Parole.

Dylans Blues steht quer zu allem, was heute als emotionale Grundausstattung gefragt ist und von einer sprach- und textlosen High-Speed-Musik vorangetrieben wird. Ein Meister der musikalischen Verlangsamung tritt an gegen die Technokälte der achtziger und den Candle-in-the-Wind-Kitsch der neunziger Jahre. Und alle, die sich dazu äußern, sind begeistert. Das ist irritierend.

Time out of Mind ist nicht nur ein künstlerisches Ereignis, die Platte verspricht, auch kommerziell ein Erfolg zu werden. »Die Firma« tut etwas für »ihren« Künstler, und der macht mit. Er gibt Interviews, führt Pressegespräche und überlässt das Timing der Veröffentlichung den Managern von Sony Music. Die längst überfällige Veröffentlichung des neuen Albums, das schon Wochen vorher in der abgemischten Endfassung als Promotape kursierte, war genau abgestimmt auf Dylans Auftritt in Bologna *vor* dem Papst. Oder *mit* dem Papst? Oder *in Gegenwart* des Papstes? Es ist eine Frage der Sichtweise.

Dass der Auftritt nicht unkommentiert und unkritisiert über die Bühne gehen würde, war zu erwarten. Dylan hat die Watch-List unliebsamer Vorfälle mit seinem Auftritt in Bologna um einen Negativposten erweitert. Erst ließ er zu, dass einer seiner Songs für Werbezwecke missbraucht wurde, dann hat er an einem Konzert im Rahmen von Clintons Inaugurationsfeier teilgenommen, er nimmt Akademiepreise und andere Auszeichnungen entgegen, und nun tritt er im Kreis italienischer Kolleginnen und Kollegen an einem Katholikenfestival auf. Das alles kann man, im Sinne Theweleits, als Andocken am Machtpol sehen, verstehen und verurteilen.

Man kann es aber auch ganz anders sehen: Zwei Global Players begegnen und begrüßen sich auf ihrer Never Ending Tour. Beide sind unterwegs in besonderer Mission. Als Seelenfänger der eine, als Soulheiler der andere. Organisiert, finanziert und orchestriert wurde das Gipfeltreffen vom italienischen Sender RAI zum wechselseitigen Nutzen aller Beteiligten. Dem Sänger brachte die Show vierhunderttausend Dollar Gage und ein Massenpublikum live und vor dem globalen Bildschirm. Dem Fernsehen brachte sie einen Marktanteil von über fünfzig Prozent und Einnahmen aus dem Rechteverkauf in unbekannter Höhe. Was sie dem Papst brachte, lässt sich in Zahlen nur schwer ausdrücken. Auch er wird etwas davon gehabt haben. Popstar meets Popestar. Just another show.

*Time out of Mind, 1997*

## Friends and Other Strangers

Zugegeben, es war ein Fehler, auf die Frage, was ich von der Nobelpreisnominierung Bob Dylans halte, überhaupt zu antworten. Anstatt einfach zu sagen, es sei mir scheißegal, habe ich dummerweise auch noch öffentlich zu begründen versucht, warum ich die Nobilitierung Dylans für ziemlich daneben halte. Das war vor knapp einem Jahr in Meerbusch am Rhein. Die vernetzte und auch sonstwie äußerst kommunikative Fan-Gemeinde hörte mit. In Hannover, Berlin und Dresden, am Rande von Dylans Frühsommertour 2000, wurde ich nun wegen meiner Unbotmäßigkeit heftig kritisiert und bis zur Belästigung angegangen.

Sich auf Dylan einzulassen, setzt ein gewisses Maß an Eigensinn voraus und die unnachgiebige Anstrengung, sich von der allgemeinen Verblödung nicht irre machen zu lassen. Viele von Dylans dedicated followers sind unter der Last dieser Anstrengung müde geworden. Man kann es nachvollziehen. Was es im Alltag bedeutet, sein Interesse an Dylan öffentlich zu bekunden, hat Wolf Reiser in seinem »Rolling Stone«-Artikel vom Juni 2000, der mit einer Liebeserklärung an Dylan beginnt, es aber schafft, die in every kind of love erforderliche Distanz zum Objekt des Begehrens zu wahren, treffend beschrieben: »Um auf einer normalen Dummstehrum-Party mit TV-VIP'chens, Zielgruppenmembern, Moneymakern und menschlichem, mobil kommunizierenden Event-Füllmaterial auf schnellstem Weg kaltgestellt zu werden, muss ich nur etwas über das letzte Dylan-Konzert in Aschaffenburg oder Tampach daherfaseln.« Hohn, Spott und Verachtung sind dir gewiss.

Mancher Dylan-Liebhaber scheint nun die beabsichtigte Heimholung seines Idols in den Olymp der bürgerlichen

Hochkultur als Auszeichnung des eigenen Beharrungsvermögens und Bestätigung seiner jahrelangen Gefolgschaft zu begreifen. Quasi als Kompensation für erlittene Demütigungen: Wird der Meister kanonisiert, sind auch seine Jünger gesalbt. Danach kann sich nur sehnen, wer in dieser Welt zu Hause ist oder ihr zuzugehören trachtet.

Und was sagt Dylan? *I have dined with kings / I've been offered wings / And I have never been too impressed*, sagt er. Dylan dürfte nicht sonderlich beeindruckt sein, sollte er nach mehrfacher Nennung – die Nominierungsnummer wurde bereits 1997 angeschoben und wird seitdem jedes Jahr neu aufgelegt – irgendwann vom Nobelkomitee tatsächlich ausgedeutet werden. Er wird den Preis entgegennehmen, oder er wird ihn zurückweisen, wie seinerzeit Jean-Paul Sartre. Es ist egal, denn der Preis bedeutet nichts. Nichts, was mit Dylans Schaffen zu tun hätte. Bereits seine Nominierung beruht auf einem Missverständnis.

Wie kann jemand, der gerade Dylans Performance in Zürich, Stuttgart, Oberhausen, Köln, Hannover, Berlin, Dresden und Regensburg gesehen oder den Mitschnitt gehört hat, auf die Idee kommen, diese Show ausgerechnet mit einem Literaturpreis auszeichnen zu wollen? Das war keine Dichterlesung. Das war eine furiose Rockandrollshow. Den Rock wieder zum Rollen zu bringen, daran arbeitet Dylan schon seit Jahren. »Now it's just rock, capital R, no roll, the roll's gone« klagte er in dem BIOGRAPH (1985) beigelegten booklet. Damals wünschte er sich noch, dass Leute wie der Gitarrist Charlie Sexton einmal »big stars« würden. Sexton habe das Feeling. Jetzt, fünfzehn Jahre später, hat er eben jenen Charlie Sexton in seine Band geholt neben Larry Campbell, David Kemper am Schlagzeug und Tony Garnier, der den Laden am Bass zusammenhält. Wo immer Dylan und seine Band in der Schweiz, in Deutschland oder Italien eine Bühne betraten, gaben sie eine Show auf hohem Niveau. (Von dem, was Dylan in Skandinavien gemacht und gebracht hat, weiß ich nur, was im Internet unter www.expectingrain.com zu lesen ist.)

Dylans Stimme ist fest und ausdrucksstark. Auch körperlich scheint er topfit, so als habe er sich auf Maggie's Schönheitsfarm einer Kur unterzogen. Von der Bühne kommt eine geballte Ladung Energie. Die Auswahl und die Reihenfolge der Songs sind die vielleicht beste Set-Dramaturgie in Dylans Never Ending Tour, denn wo das Strenge mit dem Zarten, wo Starkes sich und Mildes paarten, da gibt es einen guten Klang.

Die Band beginnt akustisch mit ROVING GAMBLER, oder einem anderen Traditional aus dem Fundus amerikanischer Populärmusik. Dann folgen drei oder vier Dylan-Klassiker aus den 60er und 70er Jahren, begleitet von einfach schönem weil schön einfachem Gitarrenspiel. Manchmal kommt die Mandoline, manchmal die Mundharmonika hinzu. Ein satter happy Sound. Sehr amerikanisch. Dylan beendet das akustische Opening mit Songs wie TO RAMONA oder TOMORROW IS A LONG TIME in einer anrührenden Zartheit gesungen, manchmal nur noch gehaucht.

Mit den E-Gitarren und Songs wie MEMPHIS BLUES, DRIFTER'S ESCAPE, COUNTRY PIE ändert sich der Sound und die Stimmung. Es wird dramatisch. Die markanten Punkte in diesem Teil der Show setzt er mit Liedern aus TIME OUT OF MIND. Jeden Abend neu breitet er mit LOVE SICK, diesem schockierend düsteren Song, das Drama einer gescheiterten Liebe aus. *I'm so sick of of love*, singt er angeekelt voller Abscheu und Verbitterung: *I wish I'd never met you*. Am Ende aber bricht die zynische Gefühlsabwehr des um eine Liebe betrogenen Mannes zusammen, und er muss gestehen: *I'd give anything to beeeeeeeee with you*. Auch CAN'T WAIT, LOVE SICK und NOT DARK YET inszenierte Dylan als ein hoch dramatisches Spiel mit Trennungs- Verlust- und Todesmetaphern. Am erstaunlichsten aber ist, dass auch jene totgeklampften Protestsongs aus grauer Vorzeit, die Dylan selbst einmal als »finger-pointing songs« bezeichnet hat, noch immer funktionieren. Wenn er BLOWING IN THE WIND, THE TIMES THEY ARE A-CHANGIN', FOREVER YOUNG oder MASTERS OF WAR anstimmt, wird jeder noch so geringe Anflug von Nostalgie weggewischt von der entsetzlichen Erkenntnis, dass alles, was Dylan schon vor drei Jahrzehnten beklagt und infrage gestellt hatte, noch immer auf der Tagesordnung steht, nur dass sich, anders als damals, heute kaum noch jemand für diese Tagesordnung zu interessieren scheint.

COLD IRON BOUND in der, wie man heute zu sagen pflegt, dekonstruierten Kölner Version wäre noch einer besonderen Erwähnung wert. Doch es ist sinnlos, einzelne Songs hervorzuheben und die verschiedenen Konzerte vergleichend in Beziehung zu setzen. Ob er nun, wie in Stuttgart und Oberhausen, einen Kammerton suchte, oder wie in Köln und Berlin auf high energy setzte, Dylan führt in jedem seiner Konzerte das Publikum durch die ganze Vielfalt von Stimmungen und Gefühlen, die seine Songs auszulösen vermögen.

Dylans Gitarrenspiel ist kühn und verwegen. Er spielt falsch, so falsch wie Picasso falsch gemalt hat. Die Ausstattung der Show – Licht und Kostüme – entspricht dem minimalistischen Konzept, dem die Never Ending Tour von Anfang an folgte. Es ist der konsequente Verzicht auf Effekthascherei. Nur Im E-Teil, wenn die Band in Rage gerät, beginnt auch Dylan sich im Rhythmus der Musik zu bewegen. Er reißt die Gitarre hoch, das Schallloch fast auf Kinnhöhe wie einst Jimi Hendrix, er presst die Knie zusammen, geht in die Hocke und schwenkt die Gitarre wie Chuck Berry. Dylan zitiert Rock 'n' Roll Klischees. Das ist höchst amüsant und ziemlich komisch.

Im Spätsommer 2000 wird Dylan seine Europatour fortsetzen und in Hamburg, Frankfurt und Münster – one night only – auftreten. Die Vorfreude darauf wäre größer, wenn man sich darauf verlassen könnte, dass das Publikum auf das zwangsneurotische Mitklatschen verzichten würde. Es ist nun mal so, dass die Deutschen kein Taktgefühl haben. Auch haben offenbar viele Konzertgänger noch nicht verstanden, dass ein Konzert keine Karaoke-Veranstaltung ist. Wenn die Leute dann auch noch, wie in Dresden, alkoholisiert mitsingen, obwohl sie nicht singen können und auch den Text nicht im Kopf haben und die wenigen Zeilen von Dylans Liedern, die sie in Erinnerung haben, sächsisch eingefärbt in dein Ohr grölen, dann beginnst du sogar den lästigen Körperkontrollen am Eingang der Konzertarenen einen Sinn abzugewinnen. Denn hätte ich in diesem Augenblick eine Waffe zur Hand, ich könnte für nichts garantieren.

# Diskographie

| | |
|---|---|
| 1962 | Bob Dylan |
| 1963 | The Freewheelin' Bob Dylan |
| 1964 | The Times They Are A-Changin' |
| 1964 | Another Side of Bob Dylan |
| 1965 | Bringing It All Back Home |
| 1965 | Highway 61 Revisited |
| 1966 | Blonde on Blonde |
| 1967 | John Wesley Harding |
| 1969 | Nashville Skyline |
| 1970 | Selfportrait |
| 1970 | New Morning |
| 1973 | Pat Garret & Billy The Kid |
| 1974 | Planet Waves |
| 1975 | Blood on the Tracks |
| 1976 | Desire |
| 1978 | Street Legal |
| 1979 | Slow Train Coming |
| 1980 | Saved |
| 1981 | Shot of Love |
| 1983 | Infidels |
| 1985 | Empire Burlesque |
| 1986 | Knocked out Loaded |
| 1988 | Down in the Groove |
| 1989 | Oh Mercy |
| 1990 | Under the Red Sky |
| 1992 | Good as I Been to You |
| 1993 | World Gone Wrong |
| 1997 | Time out of Mind |

Kompilationen

| | |
|---|---|
| 1968 | Bob Dylan Greatest Hits Vol. I |
| 1971 | Dylan Greatest Hits Vol. II |
| 1973 | Dylan |
| 1975 | The Basement Tapes |
| 1978 | Masterpieces |
| 1985 | Biograph |
| 1994 | The Bootleg Series, Vol. 1–3 (rare and unreleased) 1961–1991 |
| 2001 | Bob Dylan Live 1961–2000 |

Konzertaufnahmen

| | |
|---|---|
| 1974 | Before the Flood |
| 1976 | Hard Rain |
| 1979 | Dylan at Budokan |
| 1984 | Real Live |
| 1989 | Dylan and The Dead |
| 1992 | The 30th Anniversary Celebration Concert |
| 1994 | MTV Unplugged |
| 1998 | Live 1966 |

Günter Amendt, einer der renommiertesten Dylan-Kenner in Deutschland, ist Sozialwissenschaftler und Publizist. Er ist unter anderem Autor des Buches *Sexfront*, das in den 70er Jahren Aufsehen erregte. Neben Sexualität sind Drogen sein Thema. Zahlreiche Buchveröffentlichungen, zuletzt: *Ecstasy & Co. Alles über Partydrogen* (mit Patrick Walder), Hamburg 2000.